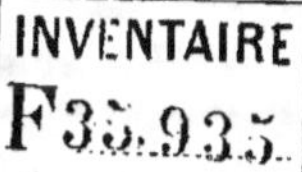

DES HONORAIRES

SUR LES

VENTES DE MEUBLES

PAR

M. GROSSE

ANCIEN NOTAIRE

Auteur du commentaire de la loi sur *la Transcription hypothécaire* (23 mars 1855)
et de la loi sur la *Procédure d'ordre* (28 mai 1858).

Consuetudo melior est interpres legum.

Prix : 1 fr. 50 c.

PARIS

A L'ADMINISTRATION DU JOURNAL DES NOTAIRES ET DES AVOCATS
RUE DES SAINTS-PÈRES, 52.

1862

DES HONORAIRES

SUR LES

VENTES DE MEUBLES

PARIS — IMPRIMERIE DE E. DONNAUD,
RUE CASSETTE, 9.

DES HONORAIRES

SUR LES

VENTES DE MEUBLES

PAR

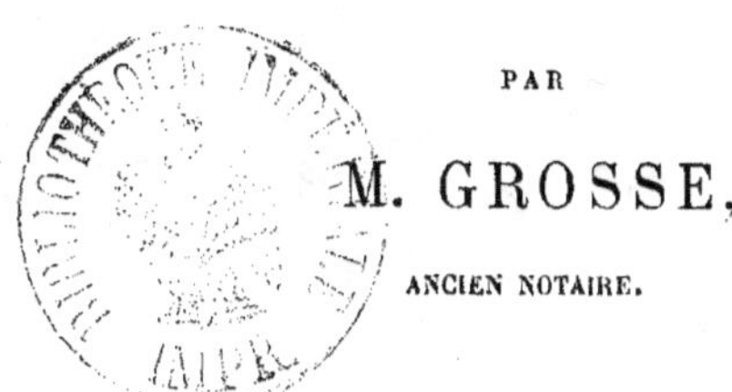

M. GROSSE,

ANCIEN NOTAIRE.

Consuetudo melior est interpres legum.

PARIS

A L'ADMINISTRATION DU JOURNAL DES NOTAIRES ET DES AVOCATS

RUE DES SAINTS-PÈRES, 52.

1861

INTRODUCTION.

Quels honoraires doivent être alloués aux notaires, aux huissiers et greffiers qui procèdent à une vente publique et par enchères d'objets mobiliers ? Tel est le sujet de mon écrit.

. La solution de la question a déjà été donnée, mais succinctement et dans des traités sur la taxe des actes en matière civile ; aussi ne satisfait-elle pas les nombreux intéressés. Ils cherchent des documents et des explications qui leur permettent de l'apprécier et de la justifier.

C'est ainsi qu'à la demande d'un de mes bons amis de vieille date, M. Obert, syndic des huissiers de l'arrondissement de Versailles, je me suis efforcé de satisfaire un si juste désir, qu'il m'avait manifesté au nom de sa corporation.

Je n'ai pas voulu composer un ouvrage de théorie, j'ai pris chaque chose telle que le temps l'a faite, et avec la solution que l'usage a consacrée : *consuetudo melior est interpres legum.*

Si je me suis trompé dans mes appréciations, le reproche peut être également adressé à M. Bonnescœur, conseiller à la Cour de Bordeaux ; l'honorable magistrat a, dans son *Manuel de la taxe des frais*, p. 10, émis une opinion qui résume toute ma pensée. Il y a dit :

« Il n'est plus possible d'appliquer le tarif du décret du

» 17 sept. 1793. Les droits qu'il indique ne sont plus en rap-
» port avec les autres émoluments ; le décret du 16 fév. 1807,
» sur la taxe des frais, ne paraît non plus devoir s'appliquer
» qu'aux ventes après saisie; le décret impérial du 5 nov. 1851,
» sur la taxe pour les frais des ventes publiques volontaires de
» fruits et récoltes pendant par racines, et de coupes de bois
» taillis, a fixé la remise à un taux très-peu élevé, à raison de
» l'importance ordinaire des ventes de récoltes pendant par
» racines et du peu de temps qu'elles réclament. Il semble qu'il
» n'ait pas dû entrer dans les prévisions qu'il dût être appli-
» qué à des ventes de meubles et effets mobiliers, presque tou-
» jours moins importantes et qui exigent des détails et des soins
» beaucoup plus minutieux.

» Il faudrait donc allouer :

» 3° Pour tous droits de vente, non compris les déboursés
» pour y parvenir et en acquitter les droits, non plus que pour
» la rédaction des placards, 6 p. 100 sur le produit des ventes
» sans distinction de résidence.

» Lorsque la vente est à terme et que l'officier ministériel est
» chargé du recouvrement, est-il dû un droit de 1 p. 100, de
» même qu'en matière de vente publique volontaire de fruits
» et récoltes pendant par racines?

» Nous penchons pour l'affirmative, car la raison d'accorder
» ce droit est la même dans tous les cas, même dans ceux de
» vente forcée. Il est reconnu que les acheteurs payent plus
» cher quand on leur accorde un délai; le droit de 1 p. 100 se
» trouve donc complétement compensé.

» D'un autre côté, l'art. 625 C. pr. civ. rend l'officier minis-
» tériel responsable du prix des adjudications. Quand les pro-
» priétaires ou les créanciers, ont donné des délais de payement
» ils aggravent ainsi la responsabilité de ces officiers ministé-

» riels ; il n'est pas juste qu'ils puissent le faire sans indemnité.
» Celle de 1 p. 100 n'est pas trop considérable, et sans cela les
» officiers publics chargés de la vente pourraient se refuser à
» leur accorder leur garantie de la responsabilité des acheteurs,
» qui consiste à se faire payer comptant et à l'instant même de
» l'adjudication, à peine de revente immédiate . »

DES HONORAIRES

SUR LES

VENTES DE MEUBLES

Consuetudo melior est interpres legum.

CHAPITRE PREMIER.

DES OFFICIERS PUBLICS CHARGÉS DES VENTES DE MEUBLES, NOTAMMENT DES COMMISSAIRES-PRISEURS.

SOMMAIRE.

1. *Institution des commissaires-priseurs. — Leur création remonte à une date très-ancienne.*
2. *Suppression de leurs offices. — Les notaires, huissiers et greffiers sont autorisés à faire des prisées et ventes de meubles dans toute l'étendue de la République (L. 24 juillet 1790 ; 17 sept. 1793).*
3. *Régularisation des formalités pour les ventes d'objets mobiliers (L. 22 pluv. an 7).— Rétablissement des commissaires-priseurs dans la ville de Paris (L. 27 vent. an 9).*
4. *Leur nombre, leurs attributions, leurs émoluments.*
5. *La fixation de leurs honoraires dut être en rapport avec les usages.—Aucune modification à l'état de choses hors Paris.*
6. *Rétablissement des commissaires-priseurs (L. 26 juin 1816.— L'insuffisance de leurs honoraires jusqu'à la loi de 1843 et les obligations auxquelles ils sont soumis, produisent l'abandon des fonctions et la violation ouverte de la loi.*

1. L'institution des commissaires-priseurs, avec leurs attributions, existait avant la révolution de 1789 ; le nom seul a été changé ; c'étaient : dans la prévôté de Paris, des huissiers-priseurs, vendeurs de meubles (leur institution remontait à une date très-ancienne, ainsi qu'on le voit dans le préambule de l'édit de février 1556) ; dans les provinces, des jurés-priseurs (ils avaient été créés par les édits du mois de février 1556 et 1771).

Comme maintenant, les huissiers-priseurs et les jurés-priseurs avaient un droit exclusif dans le ressort de leur résidence, au delà ils venaient en concurrence avec les notaires, greffiers, huissiers et sergents. (Voir un acte de notoriété sur le Châtelet de Paris, en date date du 25 mai 1703, et l'édit déjà cité qui a créé les jurés-priseurs).

2. Les offices de jurés-priseurs et d'huissiers-priseurs ont été supprimés par les décrets des 21 juillet 1790 et 17 septembre 1793. Aux termes de ce dernier, « les notaires, greffiers et huis- » siers sont autorisés à faire les prisées et ventes de meubles » *dans toute l'étendue de la République.* »

Leurs honoraires sont fixés par vacation de trois heures, savoir : pour Paris à 3 livres, et hors Paris à 1 livre 10 s., tandis que d'après l'édit de 1771, les jurés-priseurs avaient droit pour leurs ventes à un honoraire proportionnel de 4 deniers pour livre.

« Le salaire des prisées et estimations et ventes sera quatre » deniers tournois pour livre de la prisée, et de semblable somme » pour la vente d'iceux biens meubles. » (Art. 6 de l'édit de février 1556).

3. La loi du 22 pluviôse an 7 apparut, afin de régulariser les formalités à remplir, pour les ventes d'objets mobiliers ; aux termes de l'art. 1er, les « meubles, effets, marchandises, bois, » fruits, récoltes et tous autres objets mobiliers, ne pourront » être vendus publiquement et par enchères, qu'en présence et

» par le ministère d'officiers publics ayant qualité pour y
» procéder. »

C'est que les ventes faites par des gens sans titre avaient re-
pris leur cours, comme au temps où le lieutenant civil de la
Prévôté de Paris les prohibait par une ordonnance du 3 avril
1703.

Puis la loi du 27 ventôse an 9 établit des *commissaires-priseurs vendeurs de meubles.*

4. Leur nombre est porté à 80, et la même loi fixe leurs attributions et leur émoluments.

Suivant l'art. 1er, « à compter du 1er floréal prochain, les
» prisées de meubles et ventes publiques aux enchères, d'effets
» mobiliers, *qui auront lieu à Paris,* seront faites exclusivement
» par les commisseurs-priseurs, vendeurs de meubles ; — ils
» auront la concurrence pour les ventes de même nature qui
» se feront dans le département de la Seine.

» Art. 6. Il sera alloué auxdits commissaires, pour frais de
» prisée, 6 fr. pour chaque vacation de trois heures.

» Art. 7. Il leur sera alloué pour tous frais de vente, vaca-
» tions à ladite vente, rédaction de minute et première expédi-
» tion du procès-verbal, droits de clerc et tous autres droits,
» non compris les déboursés faits pour annoncer la vente, et ac-
» quitter les droits, savoir :

» 8 fr. pour cent, lorsque le produit de la vente s'élèvera
» jusqu'à 1,000 fr. ;

» 7 pour cent, lorsque le produit s'élèvera jusqu'à 4,000 fr.

Et 5 pour cent, lorsque le produit s'élèvera au-dessus de
4,000 fr.

5. *L'ancienne corporation* des huissiers-priseurs au Châtelet
de Paris était ainsi *reconstituée* sous le nom de commissaires-
priseurs, vendeurs de meubles. L'*honoraire* qui leur a été alloué
dut être *en rapport avec les usages établis* en matière de vente

de meubles, à moins d'admettre, contrairement à l'ordre ordinaire des idées, que les auteurs de cette loi aient agi suivant leurs inspirations, au lieu de procéder en partant des faits acquis.

Hors Paris, les choses restèrent dans l'état où les avaient mises les lois des 21 juillet 1790 et 17 septembre 1793, qui avaient supprimé les offices de jurés-priseurs et d'huissiers-priseurs ; les ventes continuèrent d'être faites concurremment par les notaires, les huissiers et les greffiers, chacun dans la limite de son ressort, comme étant un acte de son ministère.

Aucun nouveau tarif spécial pour les ventes de meubles : c'était toujours le tarif contenu dans les lois de 1790 et de 1793, qui existait légalement, mais qui de fait était tombé en désuétude dans la pratique des affaires. On va acquérir la preuve de l'une et de l'autre de ces propositions.

6. Une ordonnance du roi en date du 26 juin 1816, rendue en exécution de la loi du 28 avril précédent, établit : « des *com-* » *missaires-priseurs* dans les villes et chefs-lieux d'arrondisse- » ment, ou qui sont le siége d'un tribunal de première instance » et dans celles qui, n'ayant ni sous-préfecture ni tribunal, » renferment une population de 5,000 âmes et au-dessus.

Ces commissaires-priseurs sont institués pour faire exclusivement les prisées de meubles et ventes publiques aux enchères, dans le lieu de leur résidence, et concurremment avec les notaires, huissiers et greffiers, dans l'étendue de leur arrondissement, à moins qu'ils ne résident dans un lieu qui n'est pas chef-lieu d'arrondissement, auquel cas leur ressort est limité au canton.

La loi et l'ordonnance dont nous venons de parler ne produisirent en réalité qu'une seule chose : elles posèrent le principe de la création des commissaires-priseurs, car nombre des dispositions principales qu'elles contiennent ne reçurent jamais d'exécution.

1° Les fonctions de commissaire-priseur devaient être compatibles, dans toutes les résidences autres que la ville de Paris, avec les fonctions de notaire, de greffier de justice de paix, ou du tribunal de simple police et d'huissier. (Art. 11 de l'ordonnance).

Au contraire, les personnes revêtues de l'une de ces fonctions furent insensiblement placées dans l'alternative d'opter. (Voir l'ordonnance du 31 juillet 1822, qui déclare les fonctions de notaire et de commissaire-priseur incompatibles).

» 2° Les commissaires-priseurs ne pouvaient percevoir autres » et plus forts droits que ceux fixés par la loi du 17 septembre » 1793 (que nous avons indiqués), jusqu'à ce qu'il eût été statué » par une loi générale sur leurs vacations et frais.

Un projet de loi fut en effet présenté le 24 février 1847 : il proposait de fixer les honoraires à 8 pour 100 de la valeur vendue : mais il fut rejeté et les commissaires-priseurs restèrent, en attendant la promesse contenue dans la loi de 1816, jusqu'à la loi du 20 juin 1843.

A raison de leurs fonctions, la loi et l'ordonnance les avaient soumis à l'obligation de fournir un cautionnement plus élevé que celui auquel les notaires sont tenus en leur qualité de notaires.

Ainsi d'une part l'ordonnance rendue en exécution de la loi annonçait des créations exagérées si l'on réfléchit combien le nombre des commissaires-priseurs eût été grand d'après la base qu'elle indique, et d'une autre part un cautionnement très-élevé à fournir; comme rémunération, un tarif tout autre que celui de Paris (la loi du 16 sept. 1793) qui n'alloue aucun droit proportionnel sur le produit des ventes, mais seulement un honoraire de une livre dix sols par vacation de trois heures, inférieur au salaire de l'ouvrier.

Il en est résulté deux conséquences qui ont été et qui seront de tous les temps, l'abandon des fonctions et la violation ouverte de la loi qui contient le tarif : c'est ce que nous apprend le rapport fait en 1843 sur la loi contenant le tarif des commissaires-priseurs.

« Le gouvernement *créa* en exécution de l'ordonnance, dans
» le courant des années 1816 et 1817, 458 *offices* de commis-
» saire-priseur; sur ce nombre 110 *n'ont jamais été occupés, les*
» *titulaires s'étant refusés à déposer leur cautionnement.* Quel-
» ques autres ont été supprimés par suite de demission ou de
» révocation, il en restait en tout 357 en 1843 (1). »

Voilà donc, comme nous l'avons dit, un abandon bien caractérisé.

Quant à la violation du tarif, on en parle dans un autre ordre d'idées, c'est afin de la justifier :

« La simple énonciation de ce fait (le quantum des émolu-
» ments) suffit pour faire comprendre que l'application rigou-
» reuse du tarif existant réduirait les commissaires-priseurs à
» des émoluments tout à fait insuffisants.

» De la sont nés des abus qu'on doit vivement regretter dans
» l'intérêt de la dignité de la loi.

» La loi a été ouvertement violée. Les magistrats chargés de
» la taxation des officiers ministeriels, se voyant placés dans
» l'alternative, ou de refuser à ceux-ci des moyens indispen-
» sables d'existence ou de tolérer des usages contraires à la loi,
» ont cédé aux considérations d'humanité, qui recommandaient
» ce dernier parti; ils ont alloué aux commissaires-priseurs
» des droits proportionnels plus ou moins considérables, et à
» l'abri de cette tolérance, des usages quelquefois fort préjudi-
» ciables aux vendeurs se sont établis dans les diverses loca-

---

(1) Généralement il n'y a que 1 commissaire-priseur dans les localités où il en existe.

15 départements n'en ont pas un seul.

Il n'en existe que dans 192 arrondissements.

» lités : l'autorité supérieure elle-même a longtemps fermé les
» yeux et lorsque, dans ces derniers temps, elle a voulu faire
» revivre la stricte application de la loi, des plaintes si légiti-
» mes se sont élevées, qu'elle a dû reconnaître qu'on ne saurait
» assez se hâter de reformer la législation existante. »

La loi du 20 juin 1843 a été rendue pour donner satisfaction
à ces justes doléances; nous en rendrons compte dans le
chapitre suivant.

CHAPITRE II.

DES HONORAIRES ALLOUÉS PAR LA LOI DU 20 JUIN 1843.

SOMMAIRE.

7. *Quels sont ces honoraires.*
8. *Les frais d'une vente s'élevant à 1,500 fr., sont de plus de 10
     p. 100 sans formalité judiciaire.*
9. *Ils sont généralement de 12 p. 100.*
10. *Les honoraires fixés par la loi de 1843 sont modérés surtout
     en province. A Paris il n'est pas accordé de délai aux ad-
     judicataires. — Un délai est indispensable en province.*
11. *Conséquence pratique du long retard apporté à l'établisse-
     ment du tarif promis aux commissaires-priseurs par la
     loi de 1816.*

7. La loi du 20 juin 1843 alloue aux commissaires priseurs :

Art. 1er. 3° Pour tous droits de vente, *non compris* les
déboursés pour y parvenir, et en acquitter les droits, *non plus*
que *pour la rédaction des placards*, six pour cent, sur le produit
des ventes, sans distinction de résidence.

Il pourra, en outre, être alloué une ou plusieurs *vacations*,
sur *la réquisition des parties* constatée par le procès-verbal du
commissaire-priseur, *afin de préparer les objets mis en vente.*

Ces vacations extraordinaires ne seront passées en taxe qu'autant que le produit de la vente s'élèvera à 2,000 fr.

Chacune de ces vacations de trois heures donnera droit aux émoluments fixés par le numéro 1er du présent article (6 fr. dans les 6 grandes villes, ailleurs 5 fr.).

4° Pour expédition ou extrait du procès-verbal de vente, s'ils sont requis, outre le timbre et pour chaque rôle de 25 lignes à la page et de quinze syllabes à la ligne 1 fr. 50 c.

Pour consignation à la caisse, s'il y a lieu, dans les 6 grandes villes 6 fr., partout ailleurs 5 fr.

Pour assistance à l'essai ou au poinçonnage des matières d'or ou d'argent, dans les 6 grandes villes 6 fr., partout ailleurs 5 fr.

Pour payement des contributions conformément aux dispositions des lois des 5 et 18 août 1791 et 12 nov. 1810 : dans les 6 grandes villes 4 fr., partout ailleurs 3 fr.

8. Voici quels sont, d'après ce tarif, les frais d'une vente faite par le ministère d'un commissaire-priseur, le produit étant de 1500 fr.

Honoraires à 6 p. 100. . . . .   90 »»
Frais de la vente.
Affiches, 25 petit format.
Par économie elles ont été imprimées. .   8

(Aux termes de l'art. 38 du tarif de 1807, il est alloué à l'huissier ou autre officier qui procède à la vente):

Pour la rédaction de l'original du placard qui doit être affiché partout 1 fr.

Pour chacun des placards, s'ils sont manuscrits, partout 0 fr. 50 c.

En prenant cette base, 25 affiches coûteraient :

	.FR. C.	FR. C.
Report.	8 »	90 »

Timbre. : 4 25

Composition de l'original. . . . 1 » »

Pour les 25 placards. 12 50

Ensemble. 14 75

Au lieu de 8 fr.

Apposition des placards payée à l'afficheur à 15 c. l'un. 3 75

Timbre de la déclaration préalable. . . » 35

Timbre du procès-verbal de vente. . . 1 40

Enregistrement à 2 p. 100 et 10ᵉ. . . 33 »

Crieur. . . . . 3 »

Vacation à l'essai ou poinçonnage des matières d'or ou d'argent. . . . . . . 5 »

Id. pour l'acquit des contributions. . . 3 »

Vacation pour rendre le compte et rédiger la décharge. . . . . 5 » » ⎫

Timbre de la décharge. . . . » 35 ⎬ 7 55

Enregistrement. . . . . . . 2 20 ⎭

Total des frais de vente, non compris les honoraires. 65 05   65 05

Total général, compris honoraires. . . 155 05

Soit *plus de* 10 *p.* 100.

9. Dans cette hypothèse, les frais sont les moindres qu'ils puissent être, la vente est faite à la requête d'une partie majeure.

Si les héritiers veulent procéder sans attribution de qualité, ou si parmi les intéressés il y a des mineurs ou autres incapables, il faut ajouter la requête afin de procéder sans attribution de qualité, l'insertion au journal, le procès-verbal de l'huissier constatant l'apposition des affiches, et le coût exceptionnel des affiches qui doivent être sur timbre de dimension (945, 617 et s. C. pr. civ.)

Comme l'une des circonstances que nous venons d'indiquer se présente souvent dans une vente qui est la suite d'un décès, il est de règle pour les hommes rompus aux affaires, que les frais et honoraires de ces ventes ne s'élèvent pas à moins de 12 p. 100, lorsqu'elles sont de peu d'importance, et cela à cause de la portion des frais inhérente à chaque vente, qui n'est pas proportionnelle.

Aussi nous croyons qu'il eût été de l'intérêt des petites successions, de fixer un honoraire décroissant comme l'avait fait la loi de l'an 9 qui a rétabli les commissaires-priseurs, pourvu que la proportion eût été pour tous honoraires. Le forfait de 10 p. 100 comprenant les honoraires et les frais est dès lors une chose favorable aux parties, dans les localités où il est entré dans les usages.

10. Et les honoraires fixés par la loi de 1843 sont *modérés*, nous le disons avec conviction ; car il ne faut pas juger de la place que l'officier ministériel occupe dans les ventes d'après ce qui se passe à Paris, où l'objet qui n'est pas payé dans le cours de la séance est vendu à la fin de la séance à la folle enchère de l'adjudicataire, de sorte que le commissaire-priseur est ainsi exonéré de toute responsabilité, et qu'il peut facilement rendre compte du produit des ventes dans un court délai.

Rien de semblable en province ; même dans la ville de Versailles, qui est presque un faubourg de Paris, les ventes sont faites à terme, le délai ordinaire est de trois mois, une vente faite autrement, c'est-à-dire *très-expressément au comptant*, subit une dépréciation qui n'est pas moindre de 15 p. 100, parce que les marchands revendeurs, qui forment la partie compacte des enchérisseurs, privés du délai d'usage, ne portent plus les enchères qu'avec mollesse.

L'adjudication ayant lieu suivant l'usage, le commissaire priseur doit faire les recettes à ses risques, et remettre le reliquat de son compte au temps ordinaire, ce qui devient pour lui la cause de dépenses, afin d'opérer les recettes, la nécessité d'une avance de fonds, par les retards que les marchands apportent dans le payement des bulletins, et quelquefois la raison d'une perte d'argent, par suite de l'insolvabilité d'un adjudicataire.

11. Cette situation, à laquelle les commissaires-priseurs ne sont pas soumis, est la conséquence du laps de temps, trop long, pendant lequel le tarif promis par l'ordonnance de 1816 n'a pas été fait. En présence de la lacune, il leur fallait continuer l'usage suivi dans les ventes ou abandonner leur état. Ils ont préféré le premier parti. Lorsqu'ils ont acquis l'indépendance qui convient à l'officier ministériel, par la promulgation de la loi de 1843, ils ont remercié le législateur, mais le passé était trop puissant pour qu'ils pussent le secouer, ils le subissent : la défense de toute perception autre que celle autorisée par cette loi constitue le prix que le législateur a mis à la fixation légale de leurs honoraires.

CHAPITRE III.

DES AUTRES OFFICIERS MINISTÉRIELS CHARGÉS DES VENTES.

SOMMAIRE.

12. *Les commissaires-priseurs ont été créés en prenant sur les attributions des notaires, huissiers et greffiers ; — ils n'apparaissent que pour vendre des meubles et remettre le produit de la vente.*

13. *Les notaires, greffiers et huissiers n'ont désormais à vendre que les mobiliers de peu de valeur. — Ces ventes exigent néanmoins beaucoup de soin.*

14. Les ventes sont faites à longs délais. — L'huissier accorde crédit même dans les ventes sur saisie.

12. Les autres officiers ministériels chargés de faire les ventes sont les notaires, les greffiers des justices de paix et les huissiers, chacun dans son ressort, concurremment entre eux, et concurremment avec les commissaires priseurs, ainsi que nous l'avons déjà dit.

Si nous devons juger de l'origine des attributions des notaires, greffiers et huissiers par l'édit de février 1556, l'acte de notoriété du Châtelet de Paris du 27 mai 1703, et l'édit de février 1771, que nous avons cités, cette origine devrait remonter à une date très-ancienne, et l'institution des commissaires-priseurs aurait été formée à toutes les époques aux dépens de leurs attributions.

Comme ce sont les notaires, greffiers et huissiers qui suivent les opérations concernant les partages de successions, la conservation des intérêts des mineurs, la liquidation des situations embarrassées par les demandes des créanciers , tandis que le commissaire-priseur n'apparaît *que pour vendre des meubles et remettre le produit des ventes*, il en résulte qu'en général les commissaires-priseurs sont chargés des ventes, même dans le lieu de leur résidence, non par les parties directement, mais par ces officiers ministériels.

13. Quand on apprécie ce que la création des commissaires-priseurs a laissé aux notaires, greffiers et huissiers, on reconnaît que ceux-ci n'ont désormais que les mobiliers de peu de valeur à vendre, car leur *instrumentation* est *reléguée à la campagne ;* les beaux mobiliers se trouvent dans les villes, dans les lieux où les commissaires-priseurs ont le privilége exclusif de faire les ventes.

Quoique ces ventes doivent être d'un produit minime, elles exigent au regard des ventes faites dans les villes, au moins autant de soins que celles-ci, car le mobilier forme souvent tout l'actif de son propriétaire, et pour en opérer la vente d'une manière avantageuse, l'officier ministériel doit faire une division qui mette chaque lot à la portée des amateurs, de sorte qu'une vente de quelques cents francs prend à la campagne autant de temps qu'une vente de plusieurs mille francs à la ville.

14. Dans les villes de second et de troisième ordre, il faut accorder des délais afin de vendre d'une manière avantageuse ; la nécessité d'agir ainsi n'est rien eu égard aux très-petites villes, surtout aux campagnes, les *payements* faits *au comptant* y sont *exceptionnels*, et, sans des délais, les achats seraient à vil prix. « Les acquéreurs, dans les campagnes de l'arrondissement de » Metz, sont hors d'état de payer, si ce n'est à l'échéance ordi- » naire du mois de novembre. » (Lettre de M. le président de la chambre des notaires à M. le procureur impérial , rapportée art. 15035 du *Journal des Notaires*.)

Enfin, les ventes par suite de saisie ne sont pas faites au comptant. L'huissier préfère engager sa responsabilité que de braver les usages sur ce point, en vendant au comptant, n'importe à tel prix que ce soit. L'indispensabilité de faire crédit a donné lieu à des combinaisons entre l'officier ministériel et les parties venderesses, comme nous l'indiquerons dans le chapitre suivant.

CHAPITRE IV.

DE LA RECETTE DU PRODUIT DES VENTES, ET DE L'HONORAIRE AUQUEL ELLE DONNE LIEU.

15. *L'assimilation des commissaires-priseurs avec les autres officiers publics ne doit pas être reçue pour les risques attachés aux délais.*

15. Nous avons fait connaître par quel enchaînement de circonstances les commissaires-priseurs se sont trouvés dans la nécessité d'accorder des délais à leurs risques et périls, et comme conséquence, de stimuler les adjudicataires en retard.

Il y a une charge pour eux dans cette manière de faire, d'où l'on pourrait tirer la conclusion que si les notaires, greffiers et huissiers ont l'honoraire de 6 pour 100 de même que les commissaires-priseurs, ils doivent, comme eux, être garants du produit des ventes et faire la recette sans une augmentation d'honoraires.

Ce raisonnement qui paraît logique, n'est que spécieux, parce que la situation des commissaires-priseurs et des autres officiers ministériels n'est pas identique.

Les commissaires-priseurs des villes, tout obligés qu'ils soient à des délais, ne les circonscrivent que dans le cercle des *marchands revendeurs*, avec lesquels il se forme une espèce de compte courant, et s'ils vendent à des bourgeois, ce n'est qu'à des personnes connues auxquelles ils font présenter les bordereaux dans un délai des plus restreints.

Dans les campagnes, il est un grand nombre de bulletins d'une somme on ne peut plus minime, les recouvrements s'étendent à presque tous les adjudicataires, et c'est quelquefois *à de grandes distances* qu'il faut les faire, de sorte que la perception du produit des ventes est un objet laborieux et difficile ; procédant sur une petite échelle, la perte si ordinaire aux adjudications de quelques sous, devient des plus sensibles pour l'officier ministériel·

En outre, la probabilité des pertes est plus grande dans les campagnes que dans les villes, parce que les besoins de ménagements sont moins grands dans celles-ci.

16. Pour ces motifs il n'existe d'uniformité ni dans les conditions mises aux recettes, ni dans la rémunération, car elles dépendent et des difficultés qu'elles présentent, et des risques auxquels l'officier ministériel sera exposé.

Voilà pourquoi, sur l'observation faite par M. le procureur impérial de Metz aux notaires de son arrondissement qu'ils devaient restreindre leurs honoraires à 6 p. 100 au lieu de 10 p. 100 qu'ils percevaient ordinairement, le président de la chambre répondit à ce magistrat au nom de sa compagnie : « Les » notaires de l'arrondissement de Metz se sont empressés de » l'adopter, comme leur étant *plus favorable en définitive* que » celui de 10 p. 100 qu'ils percevaient autrefois tant pour ho- » noraires de la vente que pour garantie de recouvrement. » (Voir *Journal des Notaires*, art. 15035.)

17. En faveur de cette thèse, nous invoquons le décret du 5 novembre 1851, rendu en exécution de la loi du 5 juin précédent, contenant le tarif des droits alloués aux officiers publics chargés de procéder à des ventes volontaires et aux enchères de fruits et récoltes pendant par racines ou de coupes de bois taillis.

D'après l'art. 2 de ce décret, lorsque l'officier public qui a procédé à une vente *à terme* est chargé d'opérer le recouvrement du prix, il a droit à une remise de 1 p. 100 sur le montant des sommes par lui recouvrées.

Par l'application de cette rémunération aux ventes de récoltes, on reconnaît que les usages existant en matière de recette du produit des ventes mobilières ne sont point la suite des exigences des officiers ministériels, qu'ils sont la conséquence de contrats débattus et sanctionnés par le temps. Prénons l'honoraire de 4 p. 100 usuel dans l'arrondissement de Metz, l'un des plus forts que nous connaissions, et l'on va acqué-rir la preuve de notre proposition.

En effet, d'après le tarif que nous venons de citer et d'après la loi dont il est l'exécution, l'officier ministériel qui a fait la vente à terme d'une coupe de bois ou d'une récolte n'est pas garant de la solvabilité des acquéreurs, de sorte que la remise de 1 p. 100 est le prix de la recette, tandis que l'honoraire de 4 p. 100 qui était en usage dans l'arrondissement de Metz, était pour la recette et la garantie des adjudications.

Lorsqu'il s'agit de coupes, la recette est de quelques articles dus par un petit nombre de personnes, formant néanmoins une somme quelquefois importante, on est au contraire étonné du nombre des acquéreurs dans une vente mobilière et de l'ex-trême division des sommes.

18. Nous observerons comme dernier argument que dans un projet de loi présenté à la Chambre des députés par M. Hé-bert, garde des sceaux, sur les ventes des récoltes sur pied et coupes de bois taillis, le ministre proposait d'allouer à l'officier public :

Si la vente était faite *à terme*, sous sa responsabilité et à la charge par lui de recouvrer les crédits, 5 p. 100 jusqu'à 10,000 fr. et 1/3 p. 100 sur l'excédant ;

Si la vente était faite au comptant ou à terme, sans que l'of-ficier public fût responsable du prix, ni chargé de la recette, 2 p. 100 jusqu'à 10,000 fr. et 1/4 pour 100 sur l'excédant.

Dans la proposition de M. Sainte-Beuve, qui fut suivie de la loi du 5 juin 1851, l'honorable député demandait qu'il fût ac-cordé à l'officier public les mêmes honoraires que par le projet de loi dont nous venons de parler.

Chose à noter, ces honoraires avaient été admis par la Chambre des députés et par la Chambre des pairs, le projet de loi a été rejeté sous le gouvernement du roi Louis-Philippe pour une cause tout à fait étrangère.

Ainsi les autorités que nous venons de citer *élevaient de* 3 *p.* 100 *l'honoraire* de l'officier public pour le prix de la recette et de la responsabilité des adjudications, et cela pour les ventes de récoltes : c'était beaucoup plus que 4 p. 100 pour les ventes de meubles. Nous espérons avoir déjà déduit les causes de cette différence.

19. Le tarif du 5 novembre 1851 n'a point été fait dans le but d'accorder aux officiers publics un honoraire moindre que ne l'avait proposé le gouvernement du roi Louis-Philippe, la différence tient à ce que la loi n'est pas rédigée dans le même esprit que les précédents dont nous venons de parler.

La responsabilité était de droit ; pour que l'officier public n'y fût pas soumis, il eût fallu qu'il en eût été déchargé. La loi dont nous nous occupons ne stipule pas la condition, aussi le décret contenant le tarif n'alloue une remise que pour le recouvrement du prix, et la différence entre les deux tarifs se trouve naturellement expliquée.

CHAPITRE V.

DE LA RESPONSABILITÉ.

SOMMAIRE.

20. *Lettre du procureur impérial de Metz, disant que la responsabilité de l'officier public existe même dans les ventes à terme, qu'elle ne peut être la raison d'un honoraire plus élevé que* 6 *p.* 100.

21. *Réponse.*

22. *Conclusion, la responsabilité quant à ces sortes de ventes est la conséquence d'une convention.*

20. L'officier ministériel qui procède à une vente de meu-

bles, est-il en principe responsable du recouvrement du produit? Comme conséquence, la recette des deniers, s'il a été fait
des crédits, est-elle à sa charge personnelle et à ses risques ?

M. le procureur impérial de Metz, dans la lettre à M. le président de la chambre des notaires dont nous avons déjà parlé,
émet sur ces deux questions une opinion des plus catégoriques,
qui résulterait de deux dépêches de M. le garde des sceaux des
24 décembre 1852 et 28 février 1853.

« La *législation* actuelle, dit-il, *ne reconnaît* que les *ventes*
» *mobilières au comptant*, et quand les officiers publics accor-
» dent un crédit aux acheteurs, c'est à leurs risques et périls,
» sans pouvoir réclamer à cet égard aucune rémunération. Ils
» ne doivent jamais, sous ce prétexte ou tout autre, tel que
» droit de recettes et de recouvrement, ou stipulation de garan-
» tie, etc., excéder le tarif établi par la loi du 18 juin 1843.
» MM. les *notaires*, *particulièrement*, *ne sauraient invoquer dé-*
» *sormais les règles qu'ils ont posées dans leur tarif pour l'ar-*
» *rondissement de Metz.* »

Sur les observations qui lui furent adressées par la chambre
des notaires de Metz, M. le procureur impérial dit dans une
deuxième lettre.

« M. le garde des sceaux, en annonçant que la loi ne reconnaît
que les ventes mobilières au comptant, veut dire que c'est le
seul mode admis pour servir de base légale à une perception
d'honoraires, au profit de l'officier public, mais il n'entend pas
que la stipulation de termes ou crédit soit une chose prohibée
absolument par la loi : il est clair que tout ce qui n'est pas for-
mellement interdit par un texte précis, et ce qui n'est contraire
ni à l'ordre ni aux bonnes mœurs, peut toujours être pratiqué
par des parties majeures et maîtresses de leurs droits. Ainsi il
reste permis de faire, dans des circonstances exceptionnelles,
des ventes mobilières à crédit ; mais lorsqu'on procédera ainsi,

les notaires n'en devront pas moins restreindre leurs émoluments au taux de 6 pour 100, sans pouvoir l'excéder d'aucune façon directe ou indirecte, pas même en recevant des vendeurs une remise pour supplément d'honoraires de garantie ou de r e cette. Le chiffre de 6 p. 100 étant ainsi invariablement fixé, les officiers publics devront, soit accepter à leurs risques et périls pour cette seule rémunération, les chances de garantie résultant des termes ou crédits accordés aux acquéreurs, soit prévenir les parties que pour le droit de 6 p. 100 ils ne peuvent assumer cette responsabilité ; et alors les vendeurs courront eux-mêmes les risques de l'insolvabilité éventuelle des acheteurs à crédit, ou bien ils renonceront au mode de vente à terme. »

A ce raisonnement, nous répondons par ce passage des motifs d'un arrêt de la cour de cassation (ch. civ.) du 8 mai 1837.

Il est évident que ces sortes de ventes (les ventes avec délai) qui seules, en grand nombre de cas et de lieux, peuvent porter à leur juste valeur les objets qui sont à vendre, peuvent avoir lieu par la volonté du vendeur, ou sous la responsabilité de l'officier public, qui peuvent bien, à leurs risques et périls, suivre la foi des adjudicataires, en se conformant à un usage presque universel, et qui ne paraît avoir engendré aucun notable inconvénient.

21. La responsabilité, *en matière de saisie est indispensable*, puisque la vente a pour cause la conversion du mobilier en numéraire, et s'il pouvait *légalement* être accordé plus qu'un crédit consenti par l'officier public, la réalisation ne serait pas immédiate, ainsi qu'il est nécessaire qu'elle le soit : il faudrait attendre l'expiration des délais, peut-être recourir à de nouvelles poursuites, afin de contraindre des adjudicataires en retard.

Quant aux autres ventes, la responsabilité est déduite des

règles du mandat. En effet, la loi, qui interdit au propriétaire de vendre, par lui-même, les meubles aux enchères, et qui l'oblige de s'en remettre à l'officier qu'elle lui désigne, doit au moins lui assurer que pour le soin de ses intérêts propres, cet officier ne compromettra pas ceux de ses commettants.

Ces raisons peuvent être invoquées dans les ventes à terme ; toutefois dans cette hypothèse la responsabilité ne peut être imposée à l'officier ministériel d'une manière absolue, ainsi que M. Hébert l'a fait observer dans son rapport sur les ventes de meubles, *Moniteur* de 1840, p. 856.

« Nos lois, dit-il, *obligent* tout officier ministériel à prêter
» son ministère dès qu'il en est requis ; d'où la conséquence
» qu'il doit le faire aussi bien pour les ventes à terme que pour
» les ventes au comptant ; si donc sa responsabilité se trouvait
» engagée de plein droit, une résistance possible et sans au-
» cune exception serait aussi trop dure, en présence d'un pro-
» priétaire qui voudrait accorder des termes exagérés.

» Il faut donc que l'officier ministériel ne supporte ici que
» la responsabilité qu'il a bien voulu encourir : en acceptant
» de vendre aux termes exigés par le vendeur, il a accepté en
» même temps tous les risques qui peuvent en résulter ; si ces
» risques l'effrayent, qu'il s'en fasse affranchir par le requérant ;
» que si l'un et l'autre refusent de les prendre à leur charge, la
» vente alors devra se faire *au comptant.* »

Ces principes ont été consacrés par le décret du 5 nov. 1851, sur les ventes de récoltes, puisque d'après l'art. 3, la remise de l'officier public qui a procédé à une vente à terme, diffère suivant qu'il est ou qu'il n'est pas chargé du recouvrement du prix.

Déjà M. le garde des sceaux avait déclaré, dans une lettre en date du 12 août 1824 rapportée au *Journal des Notaires*, art. 6471, que dans le cas d'une vente *forcée* au comptant, l'officier public étant responsable du recouvrement des deniers envers les parties, devait être chargé de la recette, mais que ce droit, dans le cas d'une vente *volontaire,* pouvait être modifié *par les conventions* contraires qui faisaient alors cesser la responsa-bilité de l'officier vendeur.

Et un arrêt de la cour de cassation du 26 juillet 1827, également rapporté au *Journal des Notaires* (art. 6316) décide que, ni les lois en vigueur, ni l'ordonnance du 3 juillet 1815 ne s'opposent à ce qu'un propriétaire, en chargeant un officier ministériel de faire la vente de ses meubles, se réserve le droit d'en recevoir directement le prix , qu'il s'ensuit seulement qu'aucune responsabilité ne pèse à cet égard sur le notaire.

22. Nous concluons de ces observations que si l'officier mi-nistériel ne supporte dans les ventes à terme que la responsabi-lité qu'il veut bien encourir, cette responsabilité, lorsqu'elle est acceptée, l'est comme conséquence d'une convention qui est tacite quand les parties sont restées dans les conditions d'usage et expresse lorsqu'elles en sont sorties.

Toujours est-il que soit dans l'une, soit dans l'autre hypo-thèse, il y a un contrat ferme dont chacun a apprécié les avan-tages et les charges.

Du moment qu'il y a contrat ferme, il doit, par ce seul fait qu'il est légal, produire des effets en rapport avec l'avantage que chacune des parties espère en tirer, et c'est, n'en déplaise à tous les théoriciens, le motif de la différence qui se remarque dans les honoraires des ventes mobilières.

Voilà pourquoi M. le ministre de la justice a dit dans le cours de la discussion de la loi de 1843, comme motif concluant pour faire rejeter une disposition qui rendait la loi commune aux autres officiers ministériels, « qu'elle empêcherait les ventes à » terme avec garantie des recouvrements, parce que les officiers » ministériels ne consentiraient pas à engager leur responsa-

» bilité pour une remise de 6 p. 100, lorsqu'une semblable
» rétribution leur est accordée pour les ventes au comptant, qui
» ne les exposent pas aux mêmes chances de perte. »

CHAPITRE VI.

DES TARIFS.

SOMMAIRE.

1re PARTIE. — ANCIENNE LÉGISLATION.

23. L'ancienne législation se compose surtout des deux édits de février 1556 et de février 1774. Chacun d'eux contient un tarif dont la connaissance nous paraît devoir fournir un enseignement utile dans l'examen de notre sujet : nous transcrirons seulement les dispositions qu'ils contiennent.

Édit de février 1556.

(6) « Le salaire des prisées et estimations et ventes sera de
» quatre deniers tournois pour livre de la prisée, et de sem-
» blable somme pour la vente d'iceux biens meubles, aux
» charges toutefois contenues et déclarées par ces présentes,
» ledit salaire préalablement pris et rabattu par lesdits priseurs
» vendeurs, sur les deniers provenant desdites prisées et ventes. »

Édit de 1717.

Art. 6. Avons attribué et attribuons auxdits jurés priseurs,
vendeurs de biens meubles conformément audit édit d'oc-
tobre 1596, 4 deniers pour livre du prix des ventes seulement,
lesquels ils retiendront par leurs mains, sur les deniers provenant dudit prix ; 2 sous 6 deniers par chaque rôle de grosse de
leurs procès-verbaux, et pareil droit de 2 sous 6 deniers pour
l'enregistrement de chacune des oppositions qui seront faites à
la délivrance des deniers provenant desdites ventes, non compris le contrôle et le papier timbré ; desquelles oppositions ils feront mention dans leurs procès-verbaux et demeureront garants,
et en outre par chaque vacation de prisée, dans le cas où elle
aura lieu et qu'il en aura été dressé procès-verbal, 1 livre 10 sols.

2e PARTIE. — LÉGISLATION MODERNE.

§ 1er. — *Tarif de 1790.*

24. Le plus ancien tarif sous la législation moderne, est contenu dans le décret du 21 juillet 1790, qui supprime les officiers des jurés-priseurs. Voici les dispositions qui s'y rapportent :

Art. 2. Le droit de 4 deniers pour livre du prix des ventes
qui leur avait été attribué, continuera d'être perçu au profit du
trésor public, par les officiers qui feront la vente, et le produit
en sera versé par eux dans les mains des préposés à la recette.

Art. 6. Les notaires, greffiers, huissiers et sergents sont auto-

risés à faire les ventes de meubles, dans les lieux où elles étaient
ci-devant faites par les jurés-priseurs.

Art. 7. Les procès-verbaux de *ventes et de prisées* faites par
les officiers ci-dessus désignés, ne seront soumis qu'aux mêmes
droits que ceux des jurés-priseurs.

Art. 8. *Il ne pourra être perçu* par lesdits officiers que :
2 sous 6 deniers du rôle de grosse des procès-verbaux ; 2 sous
6 deniers pour l'enregistrement d'une opposition, et *une livre
10 sous par vacation de prisée.* Conformément à l'art. 6 de l'édit
de février 1771, et CE SANS PRÉJUDICE DES CONVENTIONS PARTICU-
LIÈRES QUI POURRONT MODIFIER OU ABONNER LES DROITS.

La dernière disposition n'est que la consécration *des principes
alors existants* et reproduits dans l'art. 51 de la loi du 25 ventôse an 11 « les honoraires et vacations étaient réglés à l'amiable
» sinon par un magistrat », car nous devons à la jurisprudence
interprétative du tarif de 1807, d'avoir autorisé la taxe même
dans les contrats volontaires, quoiqu'il y ait eu règlement
amiable suivi de payement.

C'est là un point important à noter pour l'élucidation du
sujet qui nous occupe.

§ 2. — *Tarif de 1793.*

25. Il se trouve dans la loi du 17 août 1793, dont nous
avons déjà parlé.

Suivant l'art. 1er, les notaires, huissiers et greffiers sont autorisés à faire les prisées et ventes de meubles dans toute l'étendue de la république.

L'art. 2, comme conséquence, prononce la suppression des
huissiers-priseurs exerçant dans la ville de Paris, qui n'avaient
pas été compris dans la suppression des jurés-priseurs, prononcée par la loi du 21 juillet 1790.

D'après l'art. 3 : « Il ne pourra être perçu à Paris, par lesdits

» officiers, lorsqu'ils procéderont aux ventes, que 3 livres par
» vacation dont la durée sera de trois heures, et 5 sous pour
» l'enregistrement d'une opposition. Il leur sera accordé en
» outre les deux tiers du prix des vacations pour l'expédition
» du procès-verbal de chaque séance, sans y comprendre les
» droits d'enregistrement et de timbre. »

Art. 4 : « Les officiers publics qui rempliront les mêmes fonc-
» tions dans les départements ne pourront également y perce-
» voir que les deux tiers du prix des vacations, ainsi qu'elles
» sont fixées par le décret du 24 juillet 1790 (nous l'avons fait
» connaître n° 24). La Convention nationale rapporte l'art. 8
» de ce même décret qui les autorisait à percevoir 2 sous 6 de-
» niers par rôle de grosse des procès-verbaux. »

26. Nous n'avons pas besoin de faire ressortir l'insuffisance
des honoraires fixés par ce décret, si nous ne nous reportons
pas à l'époque où il a été rendu.

Toutefois, nous insistons pour que l'on remarque le silence
gardé par ce décret sur la disposition qui existait dans le décret
du 24 juillet 1790, portant « que les honoraires alloués aux
» notaires, greffiers, huissiers, le sont *sans préjudice des con-*
» *ventions particulières qui pourront modifier ou abonner les*
» *droits.* »

Doit-on induire de ce silence que le décret de 1793 ait entendu le supprimer ? Nullement ; car l'abrogation d'une loi ne
peut résulter que d'une loi postérieure comportant abrogation
de la précédente, soit parce qu'elle est prononcée en termes ex-
près, soit parce que l'une et l'autre sont inconciliables ; et
dans notre espèce, rien de pareil, il n'y a point d'abrogation
expresse et les lois se concilient.

En effet, la loi de 1793 se réfère à la loi de 1790, parce
qu'un honoraire ne lui paraît pas devoir être alloué, elle le dit,
ce qui est en opposition avec l'idée d'une abrogation implicite
par le fait du silence.

La disposition était en rapport avec les principes alors en vigueur, qui ne faisaient pas intervenir l'autorité du magistrat dans les actes privés des citoyens. Aussi rien n'a été changé aux anciens errements, et les honoraires de l'officier public vendeur de meubles ont toujours été fixés à l'amiable.

Le législateur de 1793 n'a voulu faire qu'une chose, poser une règle dans le cas de désaccord : la loi ainsi interprétée n'a plus la brutalité et le cachet d'iniquité qui l'atteignent, si l'on veut qu'elle ait entendu rompre avec le passé en empêchant toute espèce de forfait, et réduire toujours le travail de l'officier public à 1 *livre par heures*, comme il serait arrivé si la loi de 1793 avait été abrogative de la loi de 1790.

Suivant M. Boucher d'Argis, conseiller à la cour d'Orléans (*De la Taxe en matière civile*, p. 77) : « C'est trop peu sans doute, et ce résultat fait sentir combien il est regrettable que l'on ait rejeté de la loi du 18 juin 1843 l'art. 10 du projet qui réglait leurs honoraires, mais *ils trouvent le moyen de corriger ce que la loi de 1790 a de trop rigoureux, dans la disposition finale de l'art. 8 de cette loi, qui leur permet de traiter à forfait avec les parties, disposition insolite, et dont il est trop facile d'abuser, mais non abrogée, quant à eux,* par l'art. 10 de la loi du 18 juin 1843.

§ 3. — *Tarif du 16 février 1807.*

27. Ce tarif s'applique-t-il aux ventes de meubles ? Oui, *lorsqu'elles sont la mise à exécution d'une saisie.* Non, dans les autres cas.

En effet, il comprend tous les frais et dépens en matière civile ; l'auteur de ce tarif, pour rendre son travail méthodique, et attribuer à chacun ce qui lui appartient, a divisé le tarif sous des titres et des chapitres différents, afin de réunir sous un même chapitre tout ce qui se rapporte à l'une des classes des personnes, officiers publics ou autres, dont l'honoraire s'y trouve porté. Ainsi, le chapitre 2, livre 1er, s'occupe des greffiers et juges de paix ; le titre 1er, livre 2, des actes des huissiers ordinaires ; et le chapitre 7, des notaires.

Si ce tarif fait *loi* pour les ventes de meubles, quelles qu'elles soient, il doit comprendre un article à ce sujet.

28. La réponse à cette question se trouve, dit-on, pour les huissiers dans l'art. 39, et pour les notaires dans les art. 168, 169 et 175.

Elle ne nous satisfait pas, parce que si les rédacteurs du tarif avaient eu l'intention de s'occuper des ventes de meubles, on ne nous contestera pas qu'ils l'auraient fait d'une manière logique, en consignant une disposition sous la rubrique qui se rapporte à chacun des officiers publics, dont les actes de cette nature se trouvent dans les attributions. Or, quelque perspicace que l'on soit, on ne trouve rien dont l'application puisse être faite aux greffiers. Force est donc de recourir au grand argument des *omissions* pour justifier l'opinion que nous repoussons, ce qui nous paraît peu probable dans l'hypothèse où les ventes de meubles faites *à l'amiable* auraient été l'un des sujets des méditations des législateurs, d'autant plus que les ventes de meubles sont la suite des conseils de famille, appositions et levées de scellés, qui ont des articles spéciaux dans le tarif.

Si encore les articles du tarif que l'on invoque étaient explicites, nous nous inclinerions, et nous reconnaîtrions l'omission quant aux greffiers ; au contraire, on va voir par l'examen auquel nous allons nous livrer de ces articles, qu'ils viennent à l'appui de notre raisonnement.

29. Commençons par les notaires.

Ils seraient régis par les art. 168, 169 et 173.

Art. 168 : « Il sera taxé pour tous les actes indiqués par le » Code civil et par le Code judiciaire pour chaque vacation de » trois heures, etc., etc. » Suit l'énoncé des actes avec leur renvoi aux articles du Code Napoléon et du Code de procédure, dont ils sont l'exécution.

Dans cette nomenclature pas un mot des ventes de meubles ; pourtant cet article parle des inventaires et des liquidations, quoique l'un et l'autre aient un rapport direct avec les ventes mobilières lorsqu'il s'agit de fixer la part de chacun des héritiers dans une succession.

Nous avons donc le droit de repousser toute application de l'article 168.

Art. 169. Dans tous les cas où il est alloué des vacations aux notaires, il ne leur est rien passé pour les minutes de leurs procès-verbaux.

Le parti que l'on peut tirer de cet article nous paraît encore plus éloigné que pour le précédent, dont il n'est que le développement ; nous disons donc qu'il doit être écarté.

Art. 173. *Tous les autres actes* du ministère des notaires, notamment les partages et *ventes volontaires* qui auront lieu pardevant eux, seront taxés suivant *leur nature* et les *difficultés que leur rédaction* aura présentées.

Si cet article justifie la proposition, ce ne peut être que par la généralité des termes ; alors nous le retenons pour fortifier notre opinion sur l'honoraire en matière de vente de meubles, car l'honoraire, dans le cas de l'art. 173, doit être tarifé eu égard à la nature, c'est-à-dire l'importance, ainsi qu'on l'a toujours interprété, et qu'il a été décidé par un arrêt de la cour de cassation du 14 nov. 1855 ; c'est en définitive ce que nous demandons et ce qui a toujours eu lieu.

30. Restent les *huissiers*.

On leur oppose l'art. 39 ainsi conçu (p² 619) : « Pour l'original de l'exploit qui constatera l'apposition des placards » dont il ne sera point donné copie à Paris, etc., il sera passé » en outre la somme qui aura été payée pour l'insertion de

» l'annonce de la vente dans un journal, si la vente est faite
» dans une ville où il s'imprime. *Pour chaque vacation de trois*
» *heures à la vente, le procès-verbal compris, il sera taxé à l'huis-*
» *sier*, dans les lieux où ils sont autorisés à les faire : Paris, 8 fr.;
» villes où il y a tribunal de première instance , 5 fr.; ailleurs
» 4 fr. Et à Paris, où les ventes sont faites par commissaires-
ᴅ priseurs, il sera alloué à l'huissier, pour requérir le commis-
» saire-priseur, une vacation de 2 fr. »

Nous reconnaissons que la loi est explicite dans cet article, *mais il s'applique aux ventes* QUI SONT LA SUITE DE LA SAISIE-EXÉ-CUTION OPÉRÉE *par l'huissier*. Cette interprétation ressort des articles précédents et de la première partie de l'art. 29 qui traitent de tout ce qui a rapport aux formalités de saisie-exécution. Or, on doit établir une distinction entre les ventes *forcées* faites de par la loi, l'empereur et justice, et les ventes auxquelles les propriétaires de meubles président de leur plein gré, car dans les ventes faites à la suite d'une saisie-exécution, il n'y a pas là *convention arrêtée* avec le vendeur, « qui, d'après les termes de » la loi du 24 juillet 1790, modifie ou abonne les droits. »

Comme, en définitive, nos observations doivent porter uniquement sur les ventes faites *avec l'agrément du propriétaire*, l'art. 39 du tarif doit être écarté de la discussion.

31. Le rôle tout passif de l'huissier faisant vendre les meubles sur saisie, son obligation de ne vendre qu'au comptant, les honoraires qui lui sont alloués pour la poursuite en saisie, et pour la publicité de vente, justifient le principe de la rémunération *par vacation*, en laissant pourtant le regret d'une proportionnalité combinée, afin de diminuer les frais de la vente d'un petit mobilier, tout en accordant à l'huissier une rémunération convenable. M. Bonnesœur, dans le passage de son ouvrage cité par nous dans notre introduction, penche pour qu'il soit alloué 1 p. 100 s'il est accordé un délai aux acheteurs, et des tribu-

naux, notamment celui de Thionville, allouent les mêmes honoraires que sur les ventes amiables, si l'officier public fait les crédits d'usage. Autrement, disent-ils, la vente serait désastreuse,
et nous n'avons qu'à nous féliciter de notre tolérance.

32. La circonstance de la taxation des frais de vente *sur saisie*, rapprochée du silence existant quant aux autres ventes, nous
paraît être un nouvel argument pour établir, ainsi que nous
l'avons déjà dit « que le tarif de 1807 n'a point statué sur les
» honoraires qui sont dus aux officiers publics chargés des
» ventes de meubles pour les opérations de cette nature, *lors-
» qu'elles ne sont pas la suite d'une saisie.* »

Autorités à l'appui de cette opinion.

33. Nous invoquons à l'appui de notre opinion :

1° Le renvoi au tarif contenu dans la loi du 17 sept. 1793
pour la fixation des honoraires des commissaires-priseurs, ainsi
que l'a fait la dernière partie de l'art. 89 de la loi du 28 avril
1816, qui a établi des commissaires-priseurs hors la ville de
Paris, ce que nous avons déjà fait connaître ;

Si le tarif de 1807 s'était occupé des ventes de meubles, il
était plus rationnel de se référer à une loi existante que d'exhu-
mer une loi abrogée (circonstance qui se serait présentée dans
cette hypothèse), surtout à une loi de 93, dont le souvenir était
si triste pour la branche aînée des Bourbons, alors régnante ;

2° L'amendement adopté à la Chambre des pairs, et soutenu
vigoureusement à la Chambre des députés, lors de la discussion
de la loi du 20 juin 1843 contenant le tarif des honoraires des
commissaires priseurs, par lequel ce tarif devait être commun
aux notaires, huissiers et greffiers ;

Il n'avait pas raison d'être dans l'hypothèse où le tarif de
1807 aurait été applicable aux ventes de meubles, il se justifiait
au contraire si les tarifs contenus dans les lois de 1790 et 1793
étaient encore légaux ;

C'est précisément l'absence d'une disposition dans le tarif de
1807 que l'on a fait valoir. On a dit : « *Le tarif de 1807 est in-*
» *complet et il se prête à tous les abus que nous avons signalés.* »
Voilà qui est clair;

3° Les circulaires qui ont été faites par le ministre de la justice au sujet des honoraires des notaires, greffiers et huissiers
dans les ventes de meubles, qui toutes tendent à les fixer à 6
p. 100 par assimilation de ce que porte la loi de 1843 sur les
commissaires priseurs ;

Que le tarif de 1807 soit applicable, elles deviennent un en-
couragement à la violation de la loi, tandis qu'elles sont une
sage mesure d'administration dans le sens contraire, que nous
soutenons être le seul vrai ;

Enfin, une lettre écrite par M. le procureur impérial de Metz
aux notaires de son arrondissement, le 12 mars 1853, en confor-
mité de deux instructions de M. le garde des sceaux des 24 décembre 1852 et 28 février 1853 (art. 15035 J. N.), une lettre
écrite par M. le procureur impérial de Rocroi, le 21 juillet 1854,
(art. 15277 du même journal).

Suivant ces lettres, la chancellerie pense « que le seul tarif
» vraiment légal des notaires, des greffiers et des huissiers
» en matière de ventes mobilières, serait encore celui qui
» résulte des lois des 9-2-26 juillet 1790 et 17 septembre
» 1793. »

§ 4 ET DERNIER. — *Tarif de 1843.*

34. Le tarif contenu dans la loi du 18 juin 1843 est-il applicable aux notaires, greffiers et huissiers ? Nous pensons qu'il
doit servir d'enseignement à l'égard des autres officiers publics
chargés de faire les ventes de meubles, lorsqu'il s'agit d'apprécier les honoraires qui leur sont dus ; mais nous ne croyons pas

qu'il puisse être invoqué par ces mêmes officiers publics, comme faisant loi.

Cette loi a pour titre : « *Loi sur le tarif des commissaires-priseurs.* » Toutes ses dispositions ne s'adressent qu'aux commissaires-priseurs, et l'art. 1er dit : *il sera alloué aux commissaires-priseurs.* Ainsi son texte est précis. Dès lors on ne peut l'étendre à d'autres qu'aux personnes en vue desquelles elle a été faite.

Bien plus, la Chambre des pairs, à laquelle le projet de loi a d'abord été soumis, avait adopté un amendement destiné à former l'art. 10 portant : « Les art. 1, 2, 3 et 4 (ils contiennent tout
» ce qui est relatif à la fixation des honoraires) sont déclarés
» communs aux officiers publics qui, dans les localités où il
» n'existe pas de commissaires-priseurs, sont autorisés à faire
» les prisées et les ventes de meubles. »

Cet article a été rejeté par la Chambre des députés sur des observations présentées par M. le garde des sceaux, qui a vu dans la *limitation* des honoraires alloués aux commissaires-priseurs un *moyen de concurrence* pour faire restreindre à 6 p. 100 les honoraires des ventes faites par les notaires, greffiers et huissiers. « Je pense, a dit ce ministre en finissant, qu'il est prudent,
» surtout sans inconvénient, de supprimer l'art. 10, et de *réduire*
» *la loi à ce qu'elle doit être, c'est-à-dire au tarif des commis-*
» *saires-priseurs.* »

La question ayant été déférée à la cour de cassation, la chambre des requêtes, par un arrêt du 30 mai 1854, a rejeté le pourvoi formé contre un jugement du tribunal civil de Limoux qui avait refusé de faire application de la loi de 1843. « Attendu,
» porte cet arrêt, que cette loi spéciale aux commissaires-pri-
» seurs ne renferme aucune disposition relative aux officiers
» publics autorisés dans certains cas à procéder à la vente des
» meubles aux enchères publiques, qu'elle ne modifie en aucune

» manière les lois et les règlements relatifs à ces officiers, pour
» lesquels le droit de faire les ventes de meubles n'est qu'une
» attribution accessoire. » [e]

CHAPITRE VII.

DES HONORAIRES DES VENTES FAITES PAR LES NOTAIRES, HUISSIERS
ET GREFFIERS. — ILS DOIVENT ÊTRE PROPORTIONNELS.

SOMMAIRE.

35. *L'honoraire à 6 p. 100 doit être accordé. — Lettres de M.
le garde des sceaux.*
36. *Si l'honoraire était eu égard au temps employé, l'officier public refuserait sa garantie.*
37. *La législation moderne n'est d'aucun avantage réel pour le vendeur. Loi du 22 pluviôse an 7. — Code de procédure civile.*
38. *Mode de faire les ventes suivant ces lois.*
39. *L'officier public stimulé par l'honoraire proportionnel a fait des ventes un art.*
40. *De la préparation.*
41. *Pour bien vendre il faut du tact.*
42. *Conséquence.*

35. M. le garde des sceaux a dit, dans deux lettres, des 24 décembre 1853 et 28 février 1854 : « Quoique la loi du 18 fé-
» vrier 1843 contienne un tarif qui paraît spécial aux commis-
» saires-priseurs, elle est, dans sa disposition qui fixe le taux
» des émoluments à 6 pour 100, une règle qui doit être suivie
» comme règle générale, et à laquelle tous les autres officiers
» publics doivent obéir également. Si on ne la suivait pas, il
» faudrait se reporter aux lois de 1790 et 1793, il n'y a pas de
» moyen terme ».

36. Admettons un instant que les honoraires dont il s'agit soient fixés eu égard au temps employé, et non à l'importance de la vente, alors plus de vente à terme avec garantie, car les officiers ministériels ne consentiraient pas à engager leur responsabilité, et *c'est dans la crainte de cet inconvénient que le ministre de la justice a insisté pour que la loi contenant le tarif des commissaires-priseurs ne fût pas applicable aux notaires, huissiers et greffiers, à plus forte raison en serait-il ainsi, si l'officier public devait donner sa garantie sans recevoir une prime susceptible de couvrir ses risques.*

37. La législation moderne sur les ventes mobilières n'est, quoi qu'on dise, d'aucun avantage réel pour le vendeur vis-à-vis de l'officier public ; pour fixer leur situation respective il faut recourir à l'ancienne législation, qui allouait un honoraire proportionnel. Cette vérité ressort de l'édit de février 1556. En effet, la loi du 22 pluviôse an 7, qui prescrit les formalités pour la vente des objets mobiliers, fait connaître en ces termes (art. 2 et 3) les obligations des officiers publics qui procèdent à des ventes :

« Art. 2. Aucun officier public ne pourra procéder à une vente publique et par enchère d'objets mobiliers, qu'il n'en ait préalablement fait la déclaration au bureau de l'enregistrement dans l'arrondissement duquel la vente aura lieu.

» Art. 5. Les officiers publics transcriront en tête de leurs procès-verbaux de vente, les copies de leurs déclarations. — *Chaque objet adjugé sera porté de suite* au procès-verbal, le prix y sera écrit en toutes lettres, et tiré hors ligne en chiffres. — Chaque séance sera close et signée par l'officier public et deux témoins domiciliés. — Lorsqu'une vente aura lieu par suite d'inventaire, il en sera fait mention au procès-verbal, avec indication de la date de l'inventaire, du nom du notaire qui y aura procédé et de la quittance de l'enregistrement.

» Art. 6. Les procès-verbaux de vente ne pourront être enregistrés qu'aux bureaux où les déclarations auront été faites. »

Les dispositions que nous venons de transcrire et toutes les autres qui composent cette loi ne sont, en définitive, que des précautions afin d'assurer la perception des droits d'enregistrement mis sur les ventes d'objets mobiliers, par une loi de quelques mois antérieure (la loi du 22 frimaire an 7).

Le Code de procédure, au titre des saisies-exécutions, ajoute quelques dispositions, qui sont la conséquence de la mainmise sur les objets à vendre :

« Art. 624. L'adjudication sera faite au plus offrant en payant comptant ; faute de payement, l'effet sera revendu sur-le-champ à la folle enchère de l'adjudicataire.

» Art. 625. Les commissaires-priseurs et huissiers seront personnellement responsables du prix des adjudications et feront mention dans leurs procès-verbaux des noms et domiciles des adjudicataires. »

38. Dans ce système, voici quelle serait la forme à suivre dans les ventes d'objets mobiliers.

Serait-ce une vente à la suite d'une saisie-exécution?

Au jour fixé, les objets saisis seraient, *au fur et à mesure*, placés sur une table, un crieur provoquerait une mise à prix, puis répéterait les enchères ; lorsqu'il n'en serait plus porté, il ferait connaître à l'huissier la personne ayant offert le plus ; l'huissier répéterait l'enchère, demanderait au public si quelqu'un veut surenchérir, et adjugerait ; l'adjudicataire ferait connaître son nom et sa demeure, verserait la somme offerte, en échange l'huissier lui ferait remettre les objets qui avaient été placés sur la table.

Serait-ce une vente amiable?

Le vendeur, maître de sa volonté, emploierait le mode qui lui semblerait le plus favorable pour une vente avantageuse. Le prix

offert lui paraîtrait-il suffisant? il délivrerait l'objet ; lui parai-
trait-il au contraire insuffisant? il le retirerait.

L'officier public appelé à la vente n'aurait qu'à porter sur son
procès-verbal la désignation des objets vendus. Exempt de toute
responsabilité pour le payement des adjudications, il n'aurait
qu'à faire assurer l'acquit des contributions et demander la consignation de ses frais.

Ce qui prouve qu'il aurait pu en être ainsi, c'est que la loi du
22 pluviôse an 7, dont nous avons déjà parlé, dit dans son article 1er : « A compter du jour de la publication de la présente,
» les meubles, effets, etc., etc., ne pourront être vendus publi-
» quement et par enchères, *qu'en présence* et par le ministère
» d'officiers publics, ayant qualité pour y procéder. »

Or, en se servant du mot *présence,* la loi a laissé aux parties
leur libre arbitre dans la manière de faire, et elle a déchargé
l'officier public de toute obligation d'employer son activité. C'est
un point que l'on perd trop de vue dans l'appréciation de tout
ce qui se rattache à la rémunération des ventes mobilières. Le
temps régularise insensiblement ce qui s'y rapporte, et l'état
présent semble avoir toujours été, quoi qu'il soit, le produit
de l'expérience et d'un travail incessant.

39. Les officiers publics chargés des ventes n'ont pu accepter le rôle passif qui leur avait été fait, et, partie pour la dignité
de leur profession, partie pour augmenter leurs émoluments,
ils ont par degré éloigné ces hommes sans position que l'on
trouve en tous lieux, ils ont offert au public et aux parties la
garantie attachée à leur caractère.

Stimulés par la proportionnalité, ils ont fait des ventes de
meubles, un art qui ne s'acquiert que par une longue pratique.

Il s'est créé un organe spécial pour indiquer la manière de
procéder dans les ventes et faire connaître ce qui est recherché

ou ce qui est délaissé. Cet organe est intitulé le *Moniteur des Ventes*.

Lorsque les objets à vendre sont d'une nature exceptionnelle, l'officier public ne se tient pas à ses connaissances personnelles, il appelle des personnes dont l'état est de vendre de ces objets, pour l'aider de leurs conseils; ainsi l'on voit dans une vente, un libraire pour les livres, un joaillier pour les diamants et un marchand de curiosités pour les objets de curiosités appelés *chinoiseries*, en terme de vente.

40. La préparation et l'arrangement des objets mis en vente peut avoir une grande importance, a dit le rapporteur de la loi de 1843 ; en effet, bien préparer une vente, c'est assembler les objets de manière à ce qu'ils soient présentés aux amateurs suivant leur nature, suivant le goût du jour ; c'est surtout éviter le morcellement quand l'ensemble est recherché, par exemple, diviser un service complet de toile damassée ou un service de porcelaine.

Le rapporteur de la loi de 1843 a dit sur ce sujet : « Quel que
» soit l'intérêt du commissaire-priseur à prendre tous les moyens
» pour augmenter le produit, il faut reconnaître qu'il est des cas
» où cette préparation peut absorber un temps considérable ».

Voilà pourquoi la loi de 1843 et tous les projets qui l'ont précédée accordent un honoraire spécial pour cet objet, outre l'honoraire proportionnel.

Quoique cet honoraire ne soit admis en taxe que si le produit de la vente excède 3,000 fr., il n'en est pas moins vrai que les ventes inférieures exigent une préparation à laquelle les officiers publics se livrent avec soin ; et dans certaines ventes l'œil habitué de l'officier public découvre, lors de la préparation, des objets que le vendeur croyait sans valeur, qui sont au contraire des plus recherchés. L'amateur de vieux meubles se met à la piste des mobiliers des petites villes, voire même des campagnes ; il obtient souvent des résultats qu'il ne pourrait espérer dans les grandes villes. L'officier public est seul pour le contraindre à sacrifier quelque chose à son affection.

41. Il ne suffit pas d'avoir bien loti les objets, il faut encore les vendre; il n'est pas accordé à tout le monde d'avoir le tact pour bien vendre, il est facile de s'en convaincre en assistant à quelques-ventes.

Pour bien vendre, il faut connaître la valeur de chaque objet, savoir s'il est recherché, être à la piste des goûts de certains amateurs, leur faire savoir la mise en vente, éclairer les personnes présentes, faire ressortir les avantages du meuble, son utilité, sa bonne confection, quelquefois déjouer certains petits accommodements.

L'officier public doit avoir un œil vif et le porter avec rapidité sur toutes les personnes réunies, afin de ne pas perdre des mouvements souvent imperceptibles qui signalent une enchère, en même temps diriger le crieur, qui ne tient pas une place sans importance.

42. Il est évident que les travaux auxquels l'officier public se livre en dehors de ce qui lui a été nommément prescrit par la loi, compose la partie intellectuelle des ventes mobilières. Or, on ne peut rémunérer ce qui est intellectuel en proportion du temps employé, comme on le fait pour les choses matérielles; il est seulement rationnel de prendre pour base la nature, l'importance et les difficultés de l'opération, c'est-à-dire l'honoraire proportionnel.

Aussi est-ce l'honoraire proportionnel qui est, qui sera et qui a été adopté à toutes les époques pour la rémunération de l'officier public chargé d'une vente de meubles.

En lisant avec attention l'édit de février 1556, on voit que l'honoraire proportionnel était, dès cette époque, d'une date ancienne.

CHAPITRE VIII.

DES HONORAIRES. — LEUR QUOTITÉ DOIT ÊTRE FIXÉE A L'AMIABLE.

—

SOMMAIRE.

43. *Les lois de 1790 et 1793 ont laissé la faculté de fixer les honoraires: disposition en rapport avec l'esprit de l'époque.*
44. *Ce qui est intellectuel n'est pas tarifable.*
45. *Systèmes mis en présence pour uniformiser les honoraires.*
46. *L'uniformité est impossible; comment on peut empêcher de grands écarts.*
47. *Le ministère public ne peut s'immiscer dans les conventions sur la fixation des honoraires. Lettre de M. le garde des sceaux.*

43. La loi de 1790, après elle la loi de 1793, a fixé les honoraires des officiers publics chargés des ventes en proportion du temps employé, *mais sans préjudicier aux conventions particulières qui pourraient modifier ou abonner les droits.* (Art. 7 de la loi de 1790).

L'un et l'autre mode de rémunération étaient en rapport avec les principes d'une liberté presque sans frein faisant alors irruption de toutes parts. L'officier public se contentait-il d'authentiquer par sa présence tout ce qui se faisait, en restant étranger à la préparation, à la réception des enchères et à la recette des deniers, la loi le contraignait à prêter son ministère moyennant un honoraire proportionné au temps employé, et cet honoraire devait être des plus minimes, puisqu'il était prélevé, au profit d'un privilégié, sur un citoyen gêné dans sa liberté par l'obligation où il se trouvait de s'en servir (langage de l'époque).

L'officier public donnait-il au vendeur son temps et son industrie au point de l'exonérer de toute préoccupation, il eût paru contraire aux principes de la liberté que la loi fixât son salaire, que le législateur se substituât à la place de l'officier public et des vendeurs.

44. En effet, si la partie matérielle est tarifable, la partie intellectuelle ne peut l'être à cause de la variété infinie qui se présente dans les produits des travaux de l'intelligence. Les personnes intéressées peuvent seules s'entendre. Il nous semble même que l'on poursuit une idée chimérique en essayant d'uniformiser, à l'aide du niveau de la taxe, les honoraires des officiers publics qui procèdent à des ventes de meubles; car le mode de procéder ne s'impose pas, il subit, au contraire, les effets des usages de la localité, usages qui sont eux-mêmes la conséquence de besoins inhérents aux mœurs, qui se modifient seulement par un travail long et latent.

Autrement la disposition déjà adoptée par la Chambre des pairs, qui rendait le tarif commun à tous les officiers publics ayant qualité pour faire des ventes, n'eût pas été rejetée par la Chambre des députés, car chacun était d'accord qu'il y avait des abus dans la fixation des honoraires telle qu'elle existait dans certaines localités. M. Lavielle dit qu'il est certains départements où les frais de ventes s'élèvent *jusqu'à* 20 *p.* 100, qu'il en est d'autres où les honoraires sont à raison de 1 ou 2 p. 100, même à raison de 50 c. p. 100.

45. On voulait faire cesser cet état de choses ; la difficulté était d'y parvenir. Trois systèmes ont été mis en présence.

La *commission de la Chambre des députés* disait par l'organe de M. Dugabé, son rapporteur :

« L'usage constate que le mode des ventes qui sont confiées aux divers officiers ministériels varie à l'infini; que des conditions de crédit, de délai, de terme, de responsabilité, de collecte des deniers, *leur sont souvent imposées.* Il était de notre devoir, *non de réglementer ces usages aussi nombreux que les lo-*

calités où l'on procède aux ventes, mais de RÉTRIBUER CONVENABLE-
MENT L'OFFICIER PUBLIC en mettant les citoyens à l'abri des pré-
tentions exagérées.

La *Chambre des pairs* s'adressait à *la concurrence*, et dans ce
but elle regardait comme indispensable que *tous les officiers
publics* ayant la faculté ou le privilége de faire les ventes et
prisées de meubles, *fussent*, quant à cette attribution spéciale,
« soumis aux mêmes règles, au même tarif, passibles des mêmes
» peines et amendes en cas de contravention. »

Enfin, M. le garde des sceaux disait que si le notaire perce-
vait une somme trop considérable pour son salaire, c'est qu'il
ne se trouvait à *côté de lui* qu'*un officier ministériel non taxé*
et qui pouvait recevoir aussi cette somme : mais vous aurez un
tarif pour les commissaires-priseurs qui leur défendra de recevoir plus de 6 p. 100 du produit de la vente. Concevez-vous
qu'il y ait un notaire, un greffier, un huissier qui vienne demander une somme plus considérable ? Non, sans doute. A côté
de lui se trouvera un officier ministériel reconnu par la loi,
dont les droits auront été fixés et qui ne pourra recevoir plus
de 6 p. 100.

Ce raisonnement, fondé sur ce que *chacun est prédisposé à
s'adresser à qui lui fait payer moins cher son concours*, a pré-
valu. Pourtant les choses sont restées dans le même état, parce
que le raisonnement portait à faux. Il n'y a pas de commissaires-priseurs dans toutes les localités, ou bien ils se trouvent
à des distances telles qu'il leur serait souvent onéreux de se
déranger pour faire une vente à laquelle, dans tous les cas, ils
ne pourraient donner des soins que les personnes de la localité
peuvent seuls donner. Aussi les commissaires-priseurs ne cherchent même pas à faire concurrence aux autres officiers publics.

46. Pour parvenir, non pas à l'uniformité, mais à éviter de
grands écarts dans l'émolumentation des officiers publics ap-

pelés à faire des ventes de meubles, nous croyons que le tarif proposé par M. Hébert et M. Sainte-Beuve (V. nº 18) pour les ventes de récoltes et de coupes de bois sur pied, contient un précédent excellent ; il établit deux hypothèses : la vente au comptant et la vente à terme avec garantie de l'officier public chargé de faire la recette. Dans les deux cas un honoraire proportionnel, plus élevé dans la deuxième hypothèse que dans la première.

Que l'officier public soit rétribué convenablement par cet honoraire, il se renfermera dans les prescriptions de la loi, et la seule concurrence qui s'établira, sera le désir de donner le plus possible de satisfaction aux personnes qui voudront faire des ventes de meubles.

Sans la graduation dont nous venons de faire mention, aucun officier public ne consentira à engager sa responsabilité : c'est un point que nous avons démontré sous le chapitre V.

47. Dans l'état actuel de la législation, les honoraires des notaires, huissiers et greffiers qui font des ventes de meubles sont régis par les lois de 1790 et 1793, qui autorisent l'abonnement. Ce point a été reconnu dans tout le cours de la discussion de 1843 ; il a été le motif pour lequel la Chambre des pairs voulait rendre commun à ces officiers publics le tarif des commissaires-priseurs.

La chancellerie s'est prononcée en ce sens depuis un temps fort éloigné, puisque le 14 septembre 1828, M. le garde des sceaux répondait à M. le procureur général près la Cour d'appel de Bourges, qui le consultait au sujet des émoluments perçus par un commissaire-priseur sur le prix des ventes auxquelles il procédait :

« Malgré le louable motif qui vous a fait prendre cette déter-
» mination, je ne puis donner mon assentiment à l'autorisation
» que vous avez accordée à votre substitut. *Le ministère public*
» *ne peut s'immiscer en rien dans les conventions particulières,*

» *qui n'ont pas d'ailleurs besoin d'être autorisées, lorsqu'elles ont*
» *été consenties librement entre personnes capables de disposer de*
» *leurs droits et qu'elles ne sont contraires ni à l'ordre public*
» *ni aux bonnes mœurs.* »

Voilà qui est clair et précis ; aussi nous demandons ce que dit cette lettre : on va le voir par nos observations qui suivent.

CHAPITRE IX.

DISTINCTION DES VENTES JUDICIAIRES ET DES VENTES AMIABLES.

SOMMAIRE.

48. *Distinction des ventes après saisie et des ventes amiables.*
49. *Arrêt de la Cour de cassation qui, pour l'honoraire, assimile les ventes après décès aux ventes après saisie.*
50. *Examen de cet arrêt en principe.*
51. *Suite, forme, publicité.*
52. *Les honoraires ne sont subordonnés ni à la forme ni à la publicité.*
53. *Le titre qui justifie l'honoraire est différent en cas de saisie, d'une vente après décès.*
54. *Conséquence pratique de la doctrine consacrée par l'arrêt.*
55. *Aussi est-il passé inaperçu.*

48. Les ventes qui sont la suite d'une saisie-exécution ont lieu contre le gré du propriétaire des meubles ; elles l'en dépouillent ; aussi la loi a-t-elle tracé un mode de procéder qui leur est tout particulier à toutes les phases, et le tarif de 1807, dans son art. 39, a fixé les honoraires de l'huissier qui procède à la vente comme d'une chose pour laquelle l'officier public, déchargé de toute responsabilité, n'est obligé qu'à des soins ordinaires d'un bon père de famille. Ces propositions ressortent de nos précédentes explications.

Les autres ventes sont faites à la requête soit du propriétaire, soit d'héritiers, soit d'administrateurs. Les ventes faites à la requête d'héritiers ou d'administrateurs ne comportent pas généralement la nécessité d'une réalisation *hic* et *nunc* à tout prix comme les ventes sur saisie ; elles demandent, au contraire, que l'on use de tous les tempéraments ordinaires, afin qu'elles atteignent la somme la plus forte possible. On ne nous contestera pas l'exactitude de ces observations : aussi nous pensons qu'elles doivent être mises parmi les ventes volontaires, auxquelles le tarif de 1807 n'est pas applicable.

49. Néanmoins, un arrêt de la Cour de cassation, chambre des requêtes, du 30 mai 1854, a décidé qu'il y avait lieu de faire application de ce tarif dans le cas où la vente aux enchères publiques est des meubles dépendant d'une succession.

« Attendu en droit que l'art. 945 C. pr. civ. *assimile, quant*
» *aux formes à suivre,* la vente aux enchères publiques, des
» biens meubles dépendant d'une succession, à la vente mobi-
» lière qui a lieu par suite de saisie-exécution ;

» Que de cette assimilation le jugement attaqué a justement
» conclu que, dans un cas comme dans l'autre, les émoluments
» de l'huissier, lorsque c'est un huissier qui procède à la vente,
» devaient être fixés conformément à l'art. 39 du décret du
» 16 février 1807, à raison du nombre des vacations employées
» à la vente. »

50. Cette décision, si elle était fondée, pourrait être appliquée, par analogie, à toute vente de meubles dans laquelle un incapable serait un des intéressés.

Avec ce principe, les ventes devraient être faites *au comptant*, et l'officier public personnellement responsable du prix des adjudications : ainsi le veulent les art. 624 et 625 du Code de procédure civile au titre de saisies-exécutions. Ceux-ci seraient applicables aux ventes dont nous parlons, car la rubrique sous laquelle ils sont placés traite de tout ce qui concerne les formes à suivre en matière de vente sur saisie : l'une d'elles oblige de vendre au comptant.

Qu'il en soit ainsi, les incapables en éprouveront un préjudice notable sans motifs ; car si les ventes sont ordonnées par suite de la minorité d'un ayant droit, ce n'est pas pour prévenir les poursuites d'un créancier, c'est parce que les meubles ne rapportant aucun fruit que par l'usage, il vaut mieux, dans l'intérêt des incapables, opérer leur conversion en numéraire et le placer *à intérêt* ; il n'y a donc aucune raison pour ne pas suivre les errements établis par l'expérience, afin d'obtenir de la chose le prix le plus avantageux.

Puisqu'il n'y a pas nécessité de vendre *au comptant*, le représentant doit, en bon administrateur, vendre à crédit, la Cour de cassation lui en fait explicitement l'obligation, par son arrêt du 8 mai 1837, que nous avons déjà cité n° 20, puisque le bon administrateur est obligé de faire tout ce qu'il faut pour que la chose atteigne le plus haut prix, et la Cour de cassation a dit dans cet arrêt : « Il est évident que ce sont *les seules ventes à crédit* qui » adoptées en grand nombre de cas et de lieux, *portent à leur* » *juste valeur* les objets qui sont à vendre. »

Mais le texte de l'art. 625 du Code de procédure civile est précis, l'officier public est personnellement responsable du prix des adjudications, dès lors il engage sa responsabilité en prêtant son ministère pour une vente à crédit, il manque à la soumission qu'il doit aux lois, en faisant connaître sur les affiches un crédit pour le payement des adjudications, et en stimulant les amateurs par l'annonce de ce crédit au moment où la vente va commencer.

Il n'est pas un officier public, jaloux de sa dignité et juste

appréciateur de ses intérêts, qui veuille vendre à crédit en présence de cette expectative.

En conséquence, cet arrêt n'aboutit qu'à la dépréciation des
bien des incapables pour réduire l'officier public à des honoraires au-dessous de ceux qui lui sont légitimement dus; aussi
n'a-t-il acquis aucune force morale. Nous reviendrons ci-après
sur ce sujet.

51. L'art. 945 du Code de procédure civile visé dans l'arrêt
renvoie, il est vrai, au titre de saisie-exécution, non-seulement
quant aux formes à suivre pour la vente, mais encore pour ce qui
regarde la publicité : autrement la vente devrait être faite sur la
place du marché public le plus prochain, aux jours et heures
ordinaires des marchés ou un jour de dimanche, à moins que
la vente n'ait été permise dans un autre lieu plus avantageux
(art. 617 C. pr. civ.).

Cette disposition tient évidemment à la forme, en même temps
à la publicité, dès lors elle devrait être appliquée aux ventes
dont nous avons parlé, si le renvoi au titre des saisies-exécutions
avait d'autre motif que de régler la publicité. Or, elle est scru-
puleusement suivie pour les ventes faites à la suite d'une saisie-
exécution, tandis qu'il n'est venu à l'idée de qui que ce soit
d'y avoir égard quand il s'agit de ventes autres que celles dont
nous venons de parler. Ce point de partage des deux espèces de
vente caractérise d'une manière bien certaine la différence qui
existe entre l'une et l'autre, et la manière exacte d'interpréter
le renvoi que l'art. 945 du Code de procédure civile fait au titre
des saisies-exécutions.

52. Les honoraires ne sont subordonnés ni à la forme ni à
la publicité; ils prennent leur raison dans l'importance de l'acte,
les soins qu'il a exigés et les chances de responsabilité auxquelles l'officier public est exposé; du moment donc où il est d'une
bonne administration de procéder dans les ventes ou des inca-

pables sont intéressés, de même, dans les ventes requises par des majeurs, il est rationnel de porter les honoraires de l'officier public au même taux pour les unes que pour les autres.

53. Dans une vente faite à la suite d'une saisie, tout est au nom de la loi et contre le gré du propriétaire, tandis que pour les autres ventes, les actes de l'officier public ont lieu sur la demande de l'héritier bénéficiaire ou de l'administrateur qui a pour mission de faire vendre le mobilier de la succession.

Et cette mission ne le met pas au rang des êtres passifs, elle comporte pour lui le devoir *d'agir en bon père de famille* et pour le mieux des intérêts de la succession. Comme conséquence, les actes qu'il passe dans cette limite, obligent autant que s'ils émanaient d'une personne majeure maîtresse de ses droits.

Ainsi l'administrateur a reçu le compte de la vente; il a alloué à l'officier public, soit implicitement, soit explicitement, les honoraires d'usage, parce que l'officier public à fait ce qui est dans les usages, il n'a pas excédé les bornes de l'administration.

Ou encore, il n'a pas été rendu de compte à l'administrateur, le produit de la vente a été déposé à la caisse des consignations par l'officier public qui a perçu suivant l'usage 6 p. 100, soit directement des adjudicataires, en sus de leur prix, soit au moyen d'un prélèvement sur le produit de la vente. L'officier public, en agissant ainsi donne la sanction au contrat qu'il a formé avec l'administrateur et sous la foi duquel il a procédé à la vente. S'il est réformable, ce peut être seulement par une action directe en nullité de la stipulation, non par la voie indirecte de la taxe du juge, car il est de règle qu'un contrat vaut tant qu'il n'a pas été annulé.

Donc les honoraires sur les ventes dont nous nous occupons sont dus à un autre titre que les honoraires des ventes sur saisie, ce qui devient un argument en faveur de la séparation qui existe entre les unes et les autres ventes que la Cour de cassation a assimilées à tort.

54. La jurisprudence consacrée par l'arrêt que nous critiquons aurait pour conséquence d'occasionner à l'officier public des soins et une garantie que ne comporte pas la vente faite à la suite d'une saisie, car ces dernières ventes sont précédées de poursuites et de publicités qui procurent des honoraires souvent supérieurs au 6 p. 100 du prix de la vente du mobilier saisi.

Aussi avons-nous dans cette même affaire la preuve de la répugnance que la conscience du magistrat éprouve dans l'application de la loi, lors même qu'il l'interprète en ce sens.

L'honoraire a été taxé à 260 fr. pour une vente dont le produit s'élève à 15,087 fr. 84 c.; en procédant par vacation, à 4 fr. par vacation, 260 fr. représentent 65 vacations, et 65 vacations à 3 heures l'une représentent 195 heures, ou 21 *jours de travail à 9 heures* par jour : que ce temps soit réellement celui qui a été employé, est-il de notre époque de rémunérer le travail intellectuel d'un officier public à ce taux !! Si, comme nous le pensons, le juge a fixé cette somme sans procéder par supputation de temps, il a mis son appréciation personnelle à la place de la loi, parce que l'honoraire légal lui a paru de beaucoup au-dessous de ce qui est juste.

En prenant pour base l'importance de la vente, 260 fr. honoraires d'une vente dont le produit est de 15,087 fr. 84 c. donnent une proportion de 1 et 73 p. 100, *un peu plus* que les honoraires fixés par le tarif du 3 nov. 1851 pour le recouvrement du prix d'une vente de fruits et récoltes pendant par racines. Pourtant la vente a, par elle-même, produit des honoraires. La vente des meubles exige plus de soins, plus de temps ; elle engage la responsabilité de l'officier public qui, dans le point de comparaison que nous prenons, en est exonéré.

55. Cet arrêt, s'il était suivi, serait une compression des usages les plus certains, les plus constants, au détriment des parties et des officiers publics, ce qui explique son passage inaperçu.

Nous croyons aussi que l'on ne peut donner à cette partie de la décision toute l'autorité qui s'attache ordinairement aux arrêts de la Cour de cassation, car elle est seulement subsidiaire ; la cause principale du pourvoi était la question de savoir si le tarif contenu dans la loi du 20 juin 1843, peut être étendu aux huissiers ; l'on reconnaît alors que, nonobstant la maturité qui existe dans la délibération qui précède les arrêts, l'attention des magistrats n'a pas été appelée comme elle l'eût été si la question avait été l'objet principal du pourvoi.

CHAPITRE X.

DE L'HONORAIRE A 6 POUR 100.

SOMMAIRE.

56. *Le chiffre de 6 p. 100 répond à tous les besoins, garantit tous les intérêts.*
57. *Il s'uniformise. Les instructions sont faites en ce sens.*
58. *Lettre de M. le procureur impérial de Metz.*
59. *Lettre de M. le procureur impérial de Rocroi.*
60. *Circulaire de M. le procureur général près la Cour de Paris.*
61. *L'honoraire a été proportionnel à toutes les époques.*
62. *La fixation de l'honoraire à 6 p. 100 n'est pas une tolérance.*

56. « C'est, a dit M. le rapporteur de la loi de 1843, la pra-
» tique la plus constante qui nous l'a fourni ; il est le terme

» moyen de ce qui se fait aujourd'hui, et nous n'hésitons pas à
» dire que le *chiffre de 6 p. 100 uniformément établi répond à*
» *tous les besoins, garantit tous les intérêts.* »

Il était donc alors rationnel de rendre le tarif commun aux notaires, huissiers et greffiers, puisqu'ils en tiennent lieu dans les localités où il n'existe pas de commissaires-priseurs ; aussi la Cour des pairs avait adopté une disposition en ce sens, son rejet a été motivé non parce que les honoraires ont paru excessif à la Chambre des députés, mais parce que la consécration de l'honoraire, contenue dans une loi, pouvait gêner la concurrence que l'on voulait créer entre les commissaires-priseurs et les autres officiers publics ainsi que nous l'avons fait ressortir sous le n° 45.

Outre cette raison, il résulte d'une manière évidente, du rapport fait sur la loi, et des observations de M. le garde des sceaux, qui a fortement insisté contre l'assimilation des diverses classes d'officiers publics, que l'honoraire de 6 p. 100 doit être regardé comme l'honoraire normal des ventes de meubles.

« S'il arrive, a dit le ministre, que dans les lieux où il n'y a
» pas de commissaire-priseur, un greffier, un huissier ou un
» notaire *vienne demander plus de* 6 p. 100, la partie a recours
» au magistrat chargé de faire la taxe. Et bien, croyez-vous,
» messieurs, que ce magistrat fera cette taxe à un taux plus
» considérable que celui du tarif que vous avez fait pour les
» officiers ministériels chargés des ventes? Cela ne saurait
» arriver.

57. Depuis cette époque l'honoraire de 6 p. 100 s'uniformise comme constitutif de la rétribution des frais de vente, à l'instar des commissaires-priseurs. Et M. le garde des sceaux à fait paraître à différentes époques des instructions en ce sens qui sont portées à la connaissance des officiers publics par MM. les procureurs impériaux.

58. Le 12 mars 1853. M. le procureur impérial de Metz écrivait à M. le président de la chambre des notaires de cette ville :

« J'ai l'honneur de vous prier de communiquer à MM. les notaires de l'arrondissement de Metz les résolutions suivantes, adoptées par M. le garde des sceaux, dans deux dépêches des 24 décembre et 28 février dernier, concernant le taux des émoluments perçus par les officiers publics sur le produit des ventes mobilières auxquelles ils procèdent.

« 3° Quoique *la loi du 18 juin* 1843 contienne ce tarif, qui paraît spécial aux commissaires-priseurs, elle *est, dans la disposition qui fixe le taux des émoluments à 6 p.* 100, *une règle qui doit être suivie comme générale* et à laquelle tous les autres officiers publics doivent obéir également ; si on ne la suivait pas, il faudrait se reporter aux lois de 1790 et 1793. Il n'y a pas de moyen terme. » (Cette lettre est rapportée au *Journal des Notaires*, art. 15035).

59. Le 21 juin 1854, M. le procureur impérial de Rocroi écrivait aux notaires de son arrondissement :

« Par deux circulaires en date des.... relatives à la perception des droits proportionnels sur les ventes mobilières par les officiers publics ou ministériels autres que les commissaires-priseurs, je vous ai rappelé que ces droits ne devaient, dans aucun cas, dépasser le taux de 6 p. 100 alloué par la loi du 18 juin 1843.

« Lorsque la vente mobilière est purement volontaire, les émoluments des notaires, huissiers et greffiers sont réglés par les lois des 26 juill. 1790 et 17 sept. 1793. Néanmoins *l'insuffisance des honoraires* qu'allouent ces lois *a fait tolérer partout* la perception du droit proportionnel, en appliquant par analogie la loi du 18 juin 1843 spéciale aux commissaires-priseurs. » (Cette lettre est rapportée au *Journal des Notaires,* art. 15277).

60. Le 4 janvier 1856, M. le procureur général près la Cour impériale de Paris adressait la circulaire suivante aux procureurs impériaux de son ressort qui l'ont communiquée aux officiers publics qu'elle intéresse :

« Paris, 4 janvier 1856.

» Monsieur le procureur impérial ,

» De nombreuses difficultés se sont élevées sur le point de savoir si les greffiers et les huissiers des justices de paix qui procèdent aux ventes mobilières sont en droit de percevoir, comme les commissaires-priseurs, un droit de 6 p. 100. Un arrêt de la Cour de cassation a décidé, le 30 mai 1854, que les droits établis par la loi du 18 juin 1843, qui est spéciale aux commissaires-priseurs, ne peuvent être réclamés par les autres officiers ministériels dont les émoluments restent soumis aux lois antérieures; et malgré cette interprétation de la loi, les huissiers et les greffiers n'en continuent pas moins à se faire attribuer les honoraires proportionnels qu'ils percevaient depuis la mise à exécution de la loi du 18 juin 1843. J'ai dû informer M. le garde des sceaux de cet état de choses, afin d'établir d'une manière positive quels étaient les émoluments qui devaient être regardés comme licites et admis comme base d'évaluation dans les traités de cession. Par une décision en date du 14 déc. 1855, Son Excellence a résolu la difficulté par une distinction : lorsqu'il s'agit de ventes volontaires, les émoluments des huissiers, comme ceux des notaires et des greffiers, sont réglés par les lois des 26 juill. 1790 et 17 nov. 1793 ; mais à raison de la difficulté que l'on éprouve à se rendre compte exactement des dispositions combinées de ces lois, Son Excellence tolère généralement l'application de la loi de 1843 aux officiers ministériels autres que les commissaires-priseurs.

» Lorsque, au contraire, comme dans le cas prévu par l'arrêt de la Cour de cassation, les ventes sont judiciaires, les huissiers ne peuvent recevoir d'autres salaires que ceux fixés par l'art. 39 du décret du 16 fév. 1807. C'est là un point sur lequel je vous engage à appeler l'attention sérieuse des juges de paix . »

(Cette circulaire est rapportée au *Journal des Notaires,* article 15785).

61. L'honoraire a été proportionnel à toutes les époques, c'est un point que l'on ne peut contester ; M. le rapporteur de la commission de la Chambre des députés l'a reconnu dans son rapport sur la loi de 1843, et le chiffre a été porté à 6 p. 100, comme *terme moyen de la pratique la plus constante.*

Sa propagation a été encouragée par l'amendement de la Chambre des pairs qui l'avait rendu commun à tous les officiers publics, bien plus par la discussion à la Chambre des députés à l'occasion du rejet de cet amendement, nous l'avons établi, et pour s'en convaincre, il suffit de jeter un coup d'œil sur les travaux préparatoires faits à la Chambre des pairs et à la Chambre des députés.

Enfin, l'uniformité des honoraires à 6 p. 100 n'est que la réalisation du vœu exprimé à la Chambre des députés par le rapporteur de la commission dans ce passage : « Nous n'hési-» tons pas à dire que le *chiffre de 6 p. 100 uniformément établi* » *répond à tous les besoins, garantit tous les intérêts.* » Les honoraires des greffiers et des huissiers fixés à 6 p. 100 sont donc établis d'une manière équitable et les nombreuses difficultés dont parle la circulaire étaient soulevées à tort par ceux qui les ont fait naître.

62. Nous avons développé, ch. 9, n°s 48 et s., les raisons qui nous paraissent établir que la Cour de cassation n'a pas fait une juste appréciation de la disposition du Code de procédure civile sur laquelle elle a fondé son arrêt.

Quant à la tolérance dont parle cette circulaire, nous rappelons que les lois de 1790 et de 1793 autorisaient, conformément aux principes de l'époque, des conventions particulières *pour modifier ou abonner les droits*, et que M. le ministre de la justice a dit à M. le procureur général près la Cour de Bourges, dans une lettre qu'il lui écrivait sur le même sujet « que le ministère public ne peut s'immiscer en rien dans les conventions particulières qui n'ont pas d'ailleurs besoin d'être autorisées lorsqu'elles ont été consenties librement (voir n° 47).

De sorte que fixer les honoraires à 6 p. 100, ce n'est pas une tolérance entre parties capables, c'est l'exercice d'un droit.

CHAPITRE XI.

DE LA CHARGE IMPOSÉE AUX ADJUDICATAIRES DE PAYER EN SUS DE LEUR ADJUDICATION UNE SOMME PROPORTIONNELLE POUR L'ACQUIT TOTAL OU PARTIEL DES FRAIS.

SOMMAIRE.

63. Les frais d'actes et autres accessoires de la vente sont à la charge de l'acheteur d'après les termes de l'art. 1504 C. N., qui ne fait aucune distinction à raison de la nature de la chose vendue, de sorte qu'il ne semblerait pas utile de s'occuper des frais de vente de meubles ; néanmoins ils tiennent une grande place en matière de ventes mobilières.

En effet, il doit être dressé procès-verbal de toute vente publique de meubles faite aux enchères, et ce procès-verbal est soumis à de forts droits. La vente exige des frais de publicité, des soins ; elle emporte avec elle des honoraires pour l'officier public qui la fait. Dès lors ces frais et honoraires devraient être ajoutés au principal de chaque adjudication, ou payés directement à l'officier public.

Mais le payement des frais par l'acheteur ne peut être que la suite d'un forfait, car c'est au moment de la remise de l'objet que les frais devraient être acquittés, autrement l'acquit de ces frais formerait un objet pour lequel il y aurait nécessité d'un règlement après coup, sans aucune espèce de garantie pour l'officier public, puisque le meuble vendu est livré au fur et à mesure.

Sous un autre rapport, l'adjudicaiaire a son meuble en sa possession, ça lui suffit, il n'a pas à s'enquérir du contenu au procès-verbal, auquel il reste étranger ; en effet, pourquoi un officier public ? pourquoi un procès-verbal ? L'officier public est pour assurer le bonne foi qui doit présider aux ventes ; le procès-verbal afin que les ayants droit connaissent le prix des ventes, et que l'État puisse asseoir la perception de ses impôts.

Ce qui explique pourquoi les frais des ventes de meubles sont en principe supportés par les vendeurs au moyen de la déduction que l'officier public en opère lorsqu'il rend son compte, pourquoi la loi du 27 ventôse an 9, portant établissement de quatre-vingts commissaires-priseurs vendeurs de meubles dans la ville de Paris, a fixé leurs honoraires proportionnellement, mais progressivement, de telle sorte que la proportion pouvait être connue seulement après que toutes les ventes étaien consommées, tandis qu'il eût été nécessaire que ce fût, dès la première adjudication, si les frais eussent été à la charge de l'acheteur, attendu qu'il aurait fallu les acquitter au fur et à mesure du payement des adjudications, avant de prendre livraison, ainsi que l'on fait à Paris.

64. La déduction des frais, opérée sur le montant de la vente, a paru une anomalie d'autant plus remarquée par les vendeurs, que les petites ventes sont les plus nombreuses, et qu'en ce qui les regarde, les honoraires de l'officier public portés à 6 p. 100 et les formalités fixées d'après la taxe, forment un total de 12 et 14 p. 100 à cause des articles qui ne sont pas proportionnels, tels que le timbre, les affiches, la vacation au contrôle des matières d'or et d'argent, la vacation au payement des contributions, ainsi que nous l'avons démontré sous le chap. 2, n° 8.

Aussi l'on a été naturellement amené à différentes combinaisons, suivant les localités et suivant le gré des vendeurs. 1° Un abonnement pour tous les frais; 2° une proportion qui, ici, couvre les honoraires de l'officier public vendeur de meubles; là, constitue un supplément de prix.

65. Pour donner un exemple de la variété qui existe, nous citerons Paris et sa banlieue, Versailles, Saint-Germain, et le surplus de l'arrondissement de Versailles. Il existe des commissaires-priseurs à Paris, Versailles et Saint-Germain; le mode de procéder devrait être le même, puisque le taux des honoraires est le même aux uns comme aux autres; pas du tout.

A Paris, les adjudicataires payent 5 p. 100 *comme supplément du prix de vente;* par suite, le compte de la vente est établi de la manière suivante :

Total de la vente.	10,000 »
Supplément de 5 p. 100 reçu des adjudicataires.	500 »
Total.	10,500 »

Sur cette somme, le commissaire-priseur perçoit son honoraire de 6 p. 100, soit 630 fr.

A Versailles, les adjudicataires payent en sus de leur prix 6 p. 100, non comme supplément de prix, mais comme représentant les honoraires du commissaire-priseur; de sorte qu'en prenant pour base une vente de 10,000 fr., les adjudicataires payent en sus de leur prix, une somme de 600 fr. *Par contre* le commissaire-priseur n'a que 600 fr. d'honoraires au lieu de 630 fr. comme il l'aurait d'après le mode suivi à Paris; sur le produit de la vente, il n'est pas fait d'autre déduction que les frais de vente, sans s'occuper des honoraires qui ont été payés ainsi qu'on l'a dit.

A Saint-Germain, les adjudicataires payent 1 p. 100. Le commissaire-priseur déduit dans le compte qu'il rend 1 p. 100 et les frais de vente.

Hors Versailles, les adjudicataires payent 10 p. 100. Cette fixation figure parmi les usages des notaires de l'arrondissement. Il en est de même dans l'arrondissement de Mantes.

66. La différence dans le mode de procéder tient à la puissance des usages : à Paris, les commissaires-priseurs avaient un tarif progressif, lorsque le courant des idées porta à pourvoir au payement des frais au moyen d'une charge proportionnelle imposée aux adjudicataires en sus de leur prix, le taux de 5 p. 100 fut adopté pour type comme représentant l'honoraire le plus ordinaire. Lorsque l'honoraire des commissaires-priseurs fut porté au taux uniforme de 6 p. 100, la corporation n'osa pas rompre avec le passé en portant de 5 à 6 p. 100 la charge supplémentaire.

A Versailles, c'est l'honoraire du commissaire-priseur qui a été mis à la charge de l'acquéreur. Aussi tant que cet honoraire a été de 5 p. 100 d'après l'usage, l'acquéreur a payé 5 p. 100 en sus de son prix, et du jour où l'honoraire a été porté à 6 p. 100, l'acquéreur a payé 6 p. 100. Ce qui prouve que telle a bien été la raison de la charge, c'est qu'à aucune époque son produit n'a été mentionné dans les comptes de vente, ainsi qu'on le fait à Paris pour le supplément de prix.

Dans la banlieue de Paris et de Versailles et dans l'arrondissement de Mantes, le principe de l'abonnement qui existe pour les immeubles a été transporté aux meubles.

Et nous savons que dans presque tous les pays où il existe en fait un abonnement pour les ventes par adjudication des immeubles, la parité dans le mode de procéder quant aux meubles a été acceptée comme naturelle.

CHAPITRE XII.

DE L'ABONNEMENT A 10 POUR 100.

SOMMAIRE.

67. *L'usage a consacré l'abonnement à 10 pour cent pour tous frais de vente, le droit de recette en sus, suivant la localité.*
68. *L'acquéreur enchérit dans la prévision des frais en sus.*
69. *Précautions prises par les officiers publics, pour que nul ne puisse prétexter cause d'ignorance.*
70. *Réponse à l'argument que l'étranger à la localité peut ignorer l'usage.*
71. *Vendeurs et officiers publics paraissent satisfaits du forfait.*

67. L'usage a consacré l'abonnement à 10 p. 100, parce qu'il a paru juste, autrement l'intérêt des vendeurs et le désir inné chez les officiers publics de faire des bénéfices lorsque la loyauté ne condamne pas les moyens mis en avant pour les obtenir, eût tôt ou tard fait baisser le taux de l'abonnement, tandis qu'il apparaît chaque jour plus vivace.

En effet, quoi de plus agréable pour le vendeur que d'être

immédiatement fixé sur la somme qu'il pourra encaisser, au lieu d'avoir des comptes de frais avec l'officier public?

Et si la vente est faite avec de longs termes, le forfait de 1 ou de 2 p. 100, suivant la localité assure le recouvrement du capital à l'époque entendue. N'en déplaise à la théorie, *l'homme qui sait compter* met ce mode de procéder au-dessus de toutes les taxes.

68. Vis-à-vis des enchérisseurs, le supplément est dans les usages, de sorte qu'ils le font entrer dans leurs appréciations; bien plus, si le forfait était moindre que celui d'usage, la diminution serait sans avantage pour le vendeur, et l'acquéreur en profiterait comme d'une chose sur laquelle il ne comptait pas.

69. Afin que personne ne puisse se retrancher dans le prétexte de l'ignorance, l'officier public donne à la condition toute la publicité possible.

Le supplément de prix est indiqué sur les affiches annonciatives de la vente : « Les adjudicataires payeront en sus de leur » prix 6 p. 100, 10 p. 100, 5 p. 100, » suivant l'usage.

Les insertions faites dans les journaux rappellent l'avertissement.

Le cahier des charges, lu avant de procéder à la réception des enchères, le renouvelle.

70. Mais, dit-on, à défaut d'uniformité, tel enchérisseur habitant Paris, où le supplément est de 5 p. 100, achète à des conditions plus onéreuses qu'il ne le voulait lorsqu'il paye 10 p. 100.

Est-ce le marchand qui achète dans les ventes pour revendre à bénéfice dans sa boutique? Les affiches qui lui ont fait connaître la vente, indiquent le supplément; il ne peut donc prétexter cause d'ignorance.

Nul ne connaît mieux les usages des ventes que les marchands, eux qui souvent en sont le mauvais génie par leurs associations ténébreuses.

Est-ce le passant attiré par le spectacle d'une vente de meubles et par le bon marché de l'objet placé sur table? Pour que le forfait soit pour lui une cause de préjudice, il faut supposer qu'il est tout à fait étranger aux usages de la localité, qu'il ne lit pas l'affiche placée d'une manière ostensible et toute particulière à l'endroit où la vente se fait, en un mot, qu'il donne tête baissée, parce que l'idée d'enchérir lui vient tout à coup. Nous ne lui reprochons pas sa témérité, nous soutenons que, même avec cette concession, l'argument n'est pas péremptoire, car une adjudication n'est pas prononcée *de plano*. C'est après nombre d'enchères dont l'importance va toujours en diminuant, que cet étranger peut devenir propriétaire du malencontreux meuble; d'où la conséquence logique qu'il faut admettre que l'enchérisseur précédent était dans une situation analogue, car le préjudice causé par l'erreur ne serait que de la dernière enchère dont le montant est fort minime, puisque autrement l'adjudicataire serait celui qui a porté la précédente enchère.

On serait porté à croire que cette circonstance peut être placée au nombre des questions théoriques, puisqu'elle n'est pas venue à notre connaissance; pourtant elle ferait sensation, car dans notre supposition il s'agit d'une personne inconnue, et par le fait qu'elle est inconnue, l'objet adjugé ne lui sera livré que contre espèces. Son erreur disparaîtra aussitôt que l'officier public lui dira : votre prix est de tant, auquel il faut ajouter 10 p. 100, il fera connaître, à haute voix, sa plainte, s'il a été induit en erreur.

71. Le forfait renferme dans son principe un mode de procéder dont les avantages réels ont été éprouvés, et si dans certains cas il était faussé, ce serait à la partie qui éprouverait le préjudice à demander réparation. Tant que les tribunaux ne sont pas saisis, on peut tenir pour assuré que chacun a trouvé dans la manière de faire ce qu'il espérait.

CHAPITRE XIII.

L'ABONNEMENT A 10 POUR 100 EST-IL EXCESSIF.

SOMMAIRE.

72. Nul plus que nous n'est convaincu que l'honoraire doit satisfaire à la double condition de rémunérer l'officier public convenablement, sans être excessif, parce que l'honoraire qui n'est pas proportionné à la responsabilité et au travail, dégrade celui qui le reçoit, et l'honoraire excessif dénature la fonction de celui qui le perçoit.

C'est en partant de cette règle que nous sommes arrivés à la conclusion de considérer l'abonnement à 10 p. 100 comme raisonnable et comme remplissant le but que se propose toute personne pour laquelle des meubles sont à vendre. En effet, l'acquéreur le prend en considération dans ses offres et il libère le vendeur de tous frais.

Par son application à toutes les ventes, il a l'avantage de ne pas écraser de frais les vendeurs dont les prix sont peu élevés, ainsi que le fait une fixation dans laquelle on procède sans avoir égard à l'importance, en prenant pour base seulement les difficultés et le temps employé à l'affaire.

73. Si le moindre produit d'une vente excédait 2,000 fr., nous reconnaissons que la fixation à 10 p. 100 serait trop forte; ce qui explique les observations des personnes qui, placées dans un ordre social élevé, et habituées à voir des mobiliers importants, apprécient les affaires d'après ce qui leur est ordinaire, sans faire entrer dans l'autre bassin de la balance les ventes de quelques 100 francs.

Or les forfaits existent dans les campagnes, et là les ventes au-dessous de 1,000 fr. sont en majorité : une vente dont le produit est de 2,000 fr. est une *belle vente*, au-dessus de cette somme, elle est rare, elle fait sensation dans la localité.

Les ventes au-dessus de 2,000 fr. sont presque toujours des ventes de montures de ferme, suite d'une cessation de culture; elles sont ordinairement faites par le notaire rédacteur, soit de la résiliation du bail, soit du bail consenti par le propriétaire qui loue ses terres, parce qu'il ne veut plus les cultiver par lui-même.

74. Le taux de 10 p. 100 est atteint dans une vente volontaire, faite sans aucune formalité judiciaire, avec un prix de 1,500 fr., c'est-à-dire de beaucoup supérieur au produit ordinaire des ventes mobilières faites à la campagne : nous l'avons démontré no 8, chap. 2, lorsque nous nous sommes òccupés des frais des ventes auxquelles procèdent les commissaires-priseurs. Or, il est reconnu que l'honoraire de 6 p. 100 est la rémunération légitime du notaire, de l'huissier et du greffier, par assimilation à l'honoraire alloué législativement au commissaire-priseur. Les déboursés sont les mêmes; dès lors, l'abonnement à 10 p. 100 n'a rien d'exagéré.

75. Bien plus, il ne serait pas rationnel qu'il en fût autrement, puisque les notaires, huissiers et greffiers peuvent faire des ventes concurremment avec les commissaires-priseurs, hors le lieu de la résidence de ces derniers ; la concurrence suppose l'égalité en situation, travaux et responsabilité ; dès lors des honoraires égaux, ce qui n'aurait pas lieu, si l'on s'efforçait à réduire les honoraires des notaires, huissiers et greffiers au-dessous des honoraires des commissaires-priseurs. Comme conséquence, le droit d'exercer hors leur résidence serait une lettre complétement morte pour les commissaires-priseurs, par le double motif qu'en outre de l'avantage existant au profit des notaires, huissiers et greffiers sur les commissaires-priseurs, à raison de leur rapport incessant avec les parties, les frais seraient moindres.

76. Enfin, nous sommes fermement convaincus qu'il est de l'intérêt des administrés que les abonnements soient encouragés dans les campagnes, parce qu'une fois reconnus, la consécration donnée aux usages aura la force d'une loi née des précédents; chacun la reconnaîtra, et si jamais un officier public voulait l'enfreindre, il trouverait de la résistance de la part de tous les citoyens, parce qu'il froisserait leurs habitudes.

CHAPITRE XIV ET DERNIER.

DE LA TAXE DES FRAIS DE VENTE.

SOMMAIRE.

77. Avant de nous occuper spécialement de la taxe des frais de vente, nous croyons devoir fournir quelques observations préliminaires, qui nous paraissent indispensables pour donner sur ce sujet les appréciations qu'il comporte.

78. Nous croyons que les règles applicables à la taxe ne doivent pas être étendues à un acte quelconque, par le seul motif que c'est un officier public qui en réclame le coût ; il est une distinction à établir entre les actes accomplis par l'officier public, comme ressortissant de ses fonctions et les actes qui pourraient être l'œuvre de n'importe telle personne que ce soit.

Dira-t-on que l'officier public n'aurait pas été chargé de la mission qu'il a remplie s'il n'avait pas eu la fonction publique ? Nous répondons que, même dans ce système, le rapport n'est qu'indirect. Ce sont seulement les actes et les diligences dépendant des fonctions qui ont été atteints par le tarif, qui peuvent en conséquence être soumis à la taxe du juge, car le juge faisant une taxe n'est pas un arbitre ; il applique l'un des articles du tarif existant légalement en matière de dépens. Lors donc qu'un acte est fait par un officier public en dehors de ses fonctions, il ne se trouve pas compris dans le tarif et le juge doit refuser d'en faire la taxe. Nous en avons vu l'application dans nombre de circonstances, notamment en matière de purge légale, dans les localités où les notaires s'occupent de l'accomplissement de cette formalité.

79. La compagnie du chemin de fer de l'Est avait voulu

faire prévaloir cette confusion ; sa prétention a été rejetée par
un jugement du tribunal civil de la Seine, en date du 1er mars
1859 et par un arrêt de la Cour impériale de Paris, en date du
12 mars 1860, l'un et l'autre rapportés art. 16800 du *Journal
des Notaires et des Avocats.*

Un notaire avait été chargé de démarches multiples néces-
sitées par les expropriations, il avait fait en même temps des
actes de son ministère.

Assignée devant le tribunal civil de la Seine, la Compagnie
a décliné la compétence par le motif que c'était à raison de sa
qualité de notaire qu'il avait été choisi, et que ses démarches
tendaient en réalité à obtenir des cessions amiables qui étaient
suivies de contrats passés en son étude.

Devant la Cour, M. l'avocat général était d'avis qu'il y avait
lieu de scinder la demande ; suivant lui, le tribunal de la Seine
n'était compétent qu'à l'égard des frais et honoraires ressortissant de l'exécution du mandat ; les frais et honoraires affé-
rents à l'officier ministériel à raison des actes attachés à sa
fonction devant être soumis à l'appréciation des juges du
tribunal de la résidence du notaire.

L'un et l'autre systèmes ont été rejetés.

Attendu que la plupart des actes faits par . . . (le notaire)
et réclamés par lui contre le chemin de fer de l'Est, l'avaient
été par lui, en qualité de mandataire, plutôt qu'en qualité de
notaire, que ce n'était qu'*accessoirement* et dans une très-faible
proportion, que les frais faits par lui, en cette dernière qualité,
figuraient en sa demande ;

Ainsi non-seulement le tribunal et la Cour n'ont pas subor-
donné les démarches faites par le notaire aux actes de son ministère ; ils ont, au contraire, admis la connexité existant entre
les uns et les autres pour faire prévaloir le droit attaché au
mandat comme étant le principal.

5

Voilà donc la condamnation du système que l'on nous oppose.

80. Dans le même sens, l'usage et la jurisprudence des plus constantes, accordent des honoraires à l'avoué à raison de soins extraordinaires qu'il donne aux affaires de son cabinet, en dehors de son ministère. Nous citerons un arrêt de la Cour d'appel de Paris, du 16 août 1850, et un arrêt de la Cour de Bourges, du 30 juillet 1859.

Bien plus, un arrêt de la Cour de cassation, du 23 juillet 1832, art. 7793 J. N., a décidé que lorsqu'un notaire s'est chargé d'un mandat sans stipulation de salaire, sa profession ne peut nécessairement faire admettre que le mandat ait été gratuit.

81. Par application de la distinction que consacrent les autorités que nous venons de citer, nous pensons être autorisé à diviser les frais de vente en deux catégories : les frais du procès-verbal constatant la réception des enchères, que l'officier public est seul apte à recevoir, et toutes les démarches qui sont usitées pour arriver à la vente ainsi qu'au recouvrement des deniers. Toutes choses que chacun peut faire ou faire faire.

82. En conséquence, s'il s'agit des frais d'une vente de meubles, nous croyons qu'il y a lieu de procéder par action directe, comme le notaire l'avait fait contre la compagnie du chemin de fer de l'Est, attendu que le juge taxateur est incompétent quant aux formalités : ce qui pourrait donner lieu à deux instances, l'une en réformation de la taxe l'autre en payement des frais qui sont la conséquence des formalités.

83. L'officier public doit, dans la fixation de ses honoraires, se conformer à l'usage, car ses honoraires pourraient être réduits s'ils paraissaient exagérés. La jurisprudence maintient aux tribunaux ce droit supérieur de révision qui découle de la nature même du mandat, et des différences qui séparent la commission de la location d'ouvrages. (Troplong, *Du mandat* , nos 246, 247 et 632.)

Lorsque les honoraires ont été fixés dans la limite que nous venons d'indiquer, l'officier public qui s'est acquitté de sa mission ainsi qu'il devait le faire, est à l'abri de toute réduction, ses honoraires lui sont acquis; *l'usage fixe* un tant pour cent, les parties sont censées s'y être referées, même sans convention, (Troplong, *Du mandat*, n° 249).

En conséquence, l'honoraire à 6 p. 100 ou l'abonnement à 10 p. 100 en matière de vente de meubles ne peuvent être un objet de critique, pusqu'ils sont passés dans les mœurs. Nous ne saurions trop le répéter.

84. Que l'officier public ait rendu son compte et obtenu une décharge définitive du reliquat de la vente, au moyen du payement qu'il en a fait avec remise des pièces à l'appui, il doit être à l'abri de toute répétition même quant aux frais de la vente, attendu que le contrat a été exécuté ; et si le vendeur de meubles a admis en dépense l'article des frais tel qu'il a été porté, c'est qu'il n'y a reconnu rien d'exagéré, le dol et la fraude pourraient seuls en autoriser la rescision.

Quand les adjudicataires payent en sus de leur prix un tant pour cent égal au montant de l'abonnement, naturellement il n'en est pas parlé dans le compte. La décharge définitive du reliquat vaut approbation de ce qui a été fait à cet égard.

Tant qu'il n'y a pas eu un *compte définitif* comprenant en dépense les frais, nous pensons que le vendeur a le droit de critique, puisqu'il se peut qu'il ait quelques sujets de plainte suffisants pour motiver la réduction des honoraires d'usage.

85. Nous faisons observer, comme dernier argument, que la loi du 21 juillet 1790 qui est la base de la législation moderne en matière de ventes mobilières, tout en fixant les honoraires

des notaires, huissiers et greffiers, dit, dans son art. 8, « *et ce*
» *sans préjudice des conventions particulières qui pourront*
» *modifier ou abonner les droits.*

Cette loi est encore en vigueur, nous l'avons démontré, **M.** le garde des sceaux l'a reconnu dans ses circulaires. L'abonnement peut donc être fait légalement.

En conséquence, s'il n'a rien d'exagéré, s'il est conforme aux usages ; il doit être sanctionné par les tribunaux. Telle est aussi l'opinion de M. Boucher d'Argis, conseiller à la cour d'Orléans. *De la taxe en matière civile*, v° *Commissaire-priseur*, note 5, *in fine.*

Pour ce qui regarde l'abonnement à 10 p. 100, nous avons établi d'une manière péremptoire qu'il est rationnel, qu'il est dans les usages ; il ne doit donc pas être réduit par les tribunaux.

TABLE DES CHAPITRES.

Paris. — Imprimerie de E. DONNAUD, rue Cassette, 9.

PUBLICATIONS DU JOURNAL DES NOTAIRES ET DES AVOCATS.

N° 1. — JOURNAL DES NOTAIRES & DES AVOCATS. Prix de l'abonnement : 15 fr. (*franco*). — De tout temps, les abonnés au *Journal des Notaires* ont joui de la faculté de consulter *gratuitement* l'Administration sur toutes les questions de droit, de notariat, d'enregistrement, etc., etc., qui peuvent les intéresser.

Le *Journal des Notaires* est le COMPLÉMENT PÉRIODIQUE du *Dictionnaire du Notariat*. — Il suffit de porter en marge de cet ouvrage, à la place indiquée, le *chiffre* de l'article du Journal pour maintenir le Dictionnaire *toujours au courant* de la *législation* et de la *jurisprudence*.

Le Journal parait *chaque mois* en un cahier de 64 pages d'impression, avec couverture imprimée, formant chaque année un volume de 800 pages.

N° 2. — COLLECTION *du Journal des Notaires et des Avocats*, depuis le 1er janvier 1808 jusqu'au 1er janvier 1861. — 91 vol. in-8°. — Prix : 200 fr., et 7 fr. pour chaque *année* demandée pour compléter une collection.

Le souscripteur est prié d'indiquer les années de la collection qu'il demande, et les délais qu'il désire pour le payement.

N° 3. — DICTIONNAIRE DU NOTARIAT, *quatrième édition*, 13 vol. in-8° de 50 feuilles au moins par vol. — Prix : 100 fr. *Port en sus.*

N° 4. — RECUEIL GÉNÉRAL DES LOIS, *Décrets Ordonnances, Édits, Arrêtés, etc.*, de 1315 à 1860 inclus (545 ans). — 21 vol. in-8°. — Prix : 155 fr., *franc de port.*

NOTA. — De grandes facilités sont accordées pour le payement soit de la collection complète, soit des parties de collection.

— Cette vaste collection se divise en CINQ PARTIES qui se vendent *séparément*.

N° 5. — *Première partie*. — LÉGISLATION DE 1315 A 1789.

Manuel complémentaire de toutes les collections de lois qui commencent à 1789, contenant les ordonnances, édits, déclarations, usages locaux, coutumes, etc., antérieurs à 1789 et restés en vigueur. — 1 vol. in-8°. — Prix : 15 fr. *franco.*

N° 6. — *Deuxième partie*. — LÉGISLATION DE 1789 A 1830.

RECUEIL GÉNÉRAL (*annoté*) DES SÉNATUS-CONSULTES, LOIS, *Décrets, Ordonnances, etc.*, depuis le mois de juin 1789 jusqu'au 7 août 1830, avec table générale analytique et raisonnée par M. GALISSET. — 6 forts volumes in-8°. — Prix, 50 fr., *franco.*

N° 7. — *Troisième partie*. — LÉGISLATION DE 1830 A 1848 (30 juillet 1830 au 23 février 1848.) RECUEIL GÉNÉRAL DES LOIS *et Ordonnances*, (*Règne de Louis-Philippe*), avec notes et tables annuelles, et deux tables, l'une *décennale*, du 7 août 1830 au 31 décembre 1840, et l'autre de 1840 à 1848. — 7 vol. in-8°. — Prix : 50 fr. *franco.*

N° 8. — *Quatrième partie*. — LÉGISLATION DE 1848 A 1852 (28 février 1848 au 2 décemb. 1852.) RECUEIL GÉNÉRAL DES LOIS, *Décrets et Arrêtés*, depuis le 24 février 1848 jusqu'au 1er décembre 1852 (*République française*), avec notes et tables annuelles. — 3 vol. in-8°. — Prix : 20 fr. *franco.*

N° 9. — *Cinquième partie*. — LÉGISLATION IMPÉRIALE du 2 décemb. 1852 à 1860, inclus. RECUEIL GÉNÉRAL DES SÉNATUS-CONSULTES, *Lois, Décrets et Arrêtés*, depuis le 2 décembre 1852 (*Empire français*), avec des notes et deux tables annuelles, l'une chronologique et l'autre alphabétique. Prix : 40 fr. *franco.*

NOTA. Le prix de l'abonnement annuel est de CINQ FRANCS, payables *d'avance* ou, au plus tard, dans le courant du mois de mai. — Ce Recueil paraît en 12 livraisons, *non mensuelles*, de 32 à 96 pages, avec couverture imprimée. — L'abonnement court du 1er janvier au 31 décembre.

N° 10. — ADMISSION AU NOTARIAT (*Traité de l'*), par FAVIER-COULOMB. — 1 vol. in-8°. — Prix : 7 fr. 50 c., *franc de port* par la poste. — Cet ouvrage renferme les solutions les plus complètes de toutes les difficultés qui peuvent se présenter sur les questions de stage, de capacité et de délivrance des certificats de moralité, etc.

N° 11. — LÉGISLATION DU NOTARIAT, par le même. — 1 vol. in-8°. — Prix : 7 fr., *franc de port* par la poste. — Ouvrage contenant toutes les lois, ordonnances, etc., annotées, qui concernent spécialement le notariat.

N° 12. — FORMULAIRE-POCKET *des Actes des Notaires*, avec des *annotations*, suivi du texte du *Code Napoléon* et du *Code de procédure civile*, mis au courant de la législation. — 1 vol. in-18 de 1260 pages, *très-portatif*, 3e édition (7e tirage 1860 revu, corrigé et augmenté). — Prix : 10 fr., *franco* par la poste.

N° 13. — AGENDA-ANNUAIRE *de la Magistrature, du Barreau et des Officiers publics*, paraissant chaque année, dans le courant de décembre, et contenant des documents du plus haut intérêt pour MM. les Notaires. — 1 vol. long, cartonné. — Prix : 3 fr. 50 c., 4 fr. 50 c. et 5 fr. 50 c.

N° 14. — COMMENTAIRE ou Explication au point de vue pratique de la loi du 23 mars 1855, sur la *Transcription en matière hypothécaire* par M. GROSSE, anc. notaire. — 2 vol. in-8°. Prix : 10 fr. *franco.*

N° 15. — COMMENTAIRE ou explication au point de vue pratique de la loi sur la *Procédure d'ordre* (28 mai 1858), par MM. GROSSE et RAMEAU. 2 vol. in-8°. Prix : 10 fr. *franco.*

N° 16. — DONATIONS ENTRE VIFS ET PAR TESTAMENTS ou commentaire du titre II du livre III, du Code Napoléon, par M. TROPLONG, premier Président de la Cour de cassation. — 2e édition. — 4 vol. in-8°. — Prix : 36 fr. (*Sous presse*).

BUREAU DE CORRESPONDANCE.

Ce Bureau, régi sous la SURVEILLANCE de l'administration du *Journal des Notaires*, se charge de la suite de toute espèce d'affaires *contentieuses, administratives et financières*.

LÉGALISATION de pièces provenant de l'étranger ou des colonies françaises ou étrangères, ou qui sont destinées à y être envoyées :

RENTES SUR L'ÉTAT : Achat, vente et mutations. — TONTINES *Lafarge*, du *Pacte Social*, des *Employés* et *Artisans* : Recouvrement des arrérages. — CAISSES PUBLIQUES : Recouvrement sur la Caisse de consignations, la Caisse d'épargne, etc. — ACTIONS DE LA BANQUE, Actions, Obligations des chemins de fer, Valeurs industrielles *cotées à la Bourse* : Achat et Vente. Recouvrement d'intérêts et dividendes. — FAILLITES : Suite et Recouvrement de dividendes. — COUR DE CASSATION, *Cours et Tribunaux* : Suite de pourvois et d'instance. — ACTES JUDICIAIRES : Oppositions, Significations, etc. — HYPOTHÈQUES : Transcriptions, Etats, Inscriptions, Radiations, etc. — CONTRATS DE MARIAGE de commerçants : Dépôts des extraits *exigés par la loi*. — SOCIÉTÉS TONTINIÈRES *sur la vie* : Recouvrement de répartitions, etc., etc.

Paris. — Imprimerie de E. DONNAUD, rue Cassette, 9.